CÓMO CREAR Y GESTIONAR TU PROYECTO CRAFT

▼ Guía de negocios para makers y artesanos

Mònica Rodríguez Limia

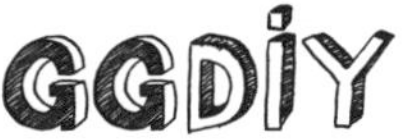

Ilustración de Juan Carboneras
Diseño de Antònia Arrom

1ª edición, 5ª tirada, 2022

Cualquier forma de reproducción, distribución, comunicación pública
o transformación de esta obra solo puede ser realizada con la autorización de sus titulares, salvo excepción prevista por la ley. Diríjase a
Cedro (Centro Español de Derechos Reprográficos, www.cedro.org)
si necesita fotocopiar o escanear algún fragmento de esta obra.

La Editorial no se pronuncia ni expresa ni implícitamente respecto a la
exactitud de la información contenida en este libro, razón por la cual
no puede asumir ningún tipo de responsabilidad en caso de error u
omisión.

© Mònica Rodríguez Limia, 2016
© Editorial GG, SL, Barcelona, 2017

Printed in Spain
ISBN: 978-84-252-2962-6
Depósito legal: B. 5320-2017
Impresión: Gráfiques 92, Rubí (Barcelona)

Este libro se ha impreso sobre papel fabricado a partir de madera
procedente de bosques y plantaciones gestionadas con altos estándares
ambientales, garantizando una explotación de los recursos sostenible y
beneficiosa para las personas. También para generar un menor impacto,
hemos dejado de retractilar nuestros libros. Con estas medidas, queremos contribuir al fomento de una forma de vida sostenible y respetuosa
con el medio ambiente.

Editorial GG, SL
Via Laietana, 47 3º 2ª, 08003 Barcelona, España.
Tel. (+34) 933 228 161
www.editorialgg.com

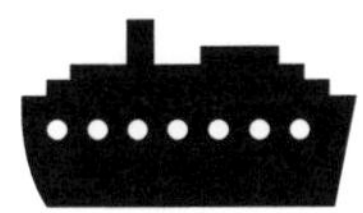

A Jose (sin acento) y Marc,
por su apoyo incondicional en este viaje.

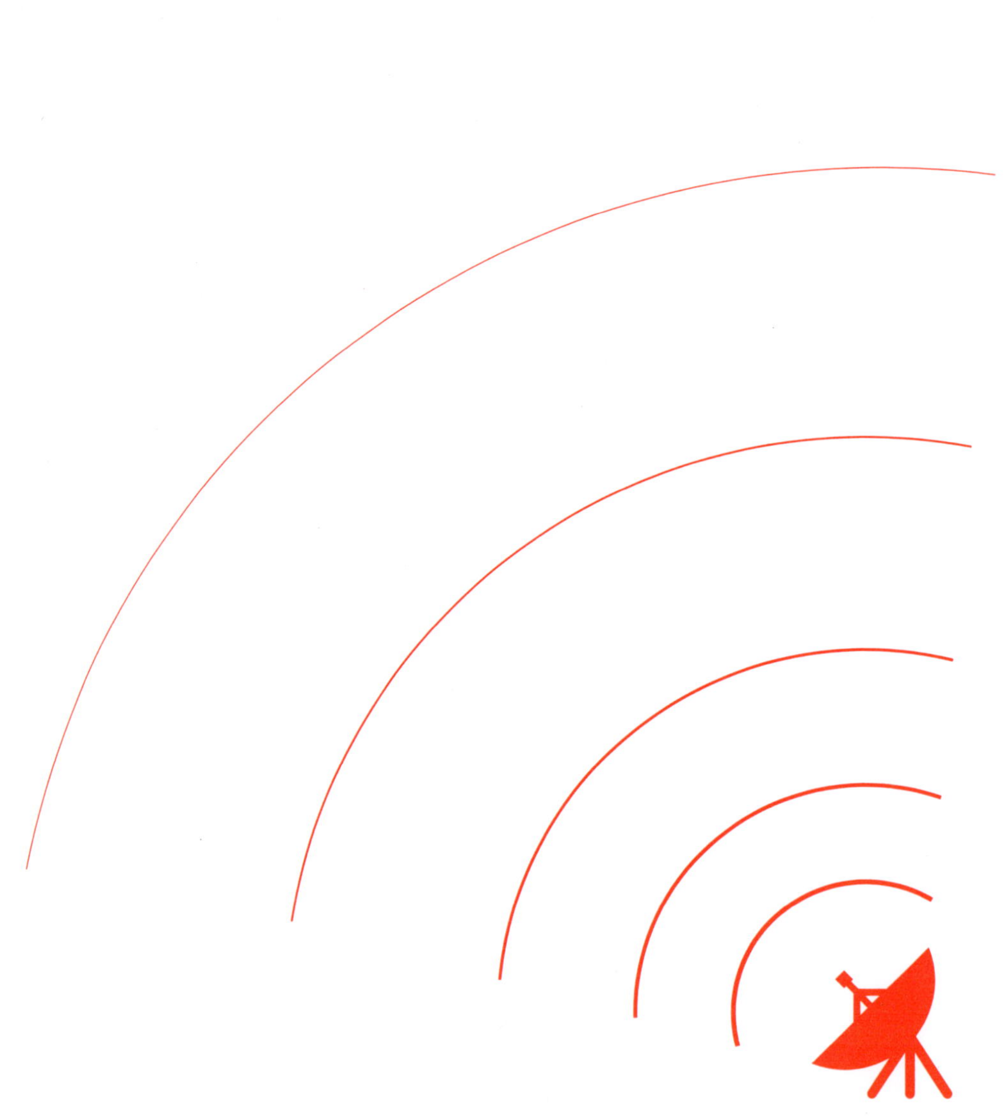

ÍNDICE

▶ Introducción 6

▶ Capítulo 1: ¿Por qué quieres convertir tu talento en un negocio? 10

▶ Capítulo 2: ¿Cómo quieres que sea tu negocio? 30

▶ Capítulo 3: Los números son tus amigos 68

▶ Capítulo 4: Imagen "global" corporativa 98

▶ Capítulo 5: Comunicación: comparte y sé generoso 120

▶ Capítulo 6: Vende para poder seguir creando 146

▶ Capítulo 7: Mantenerse en pie y seguir disfrutando 172

▶ Bibliografía 190

INTRODUCCIÓN

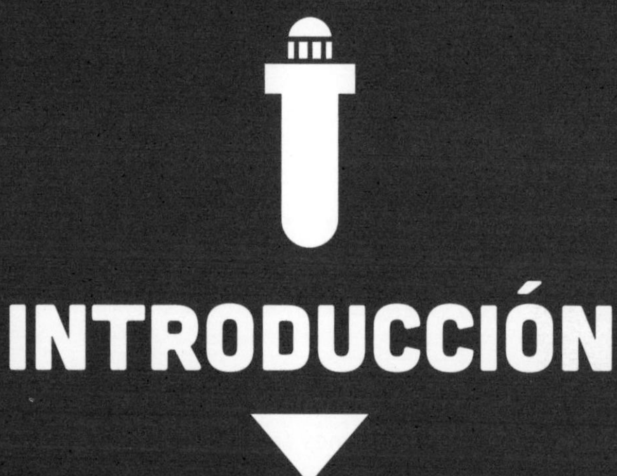

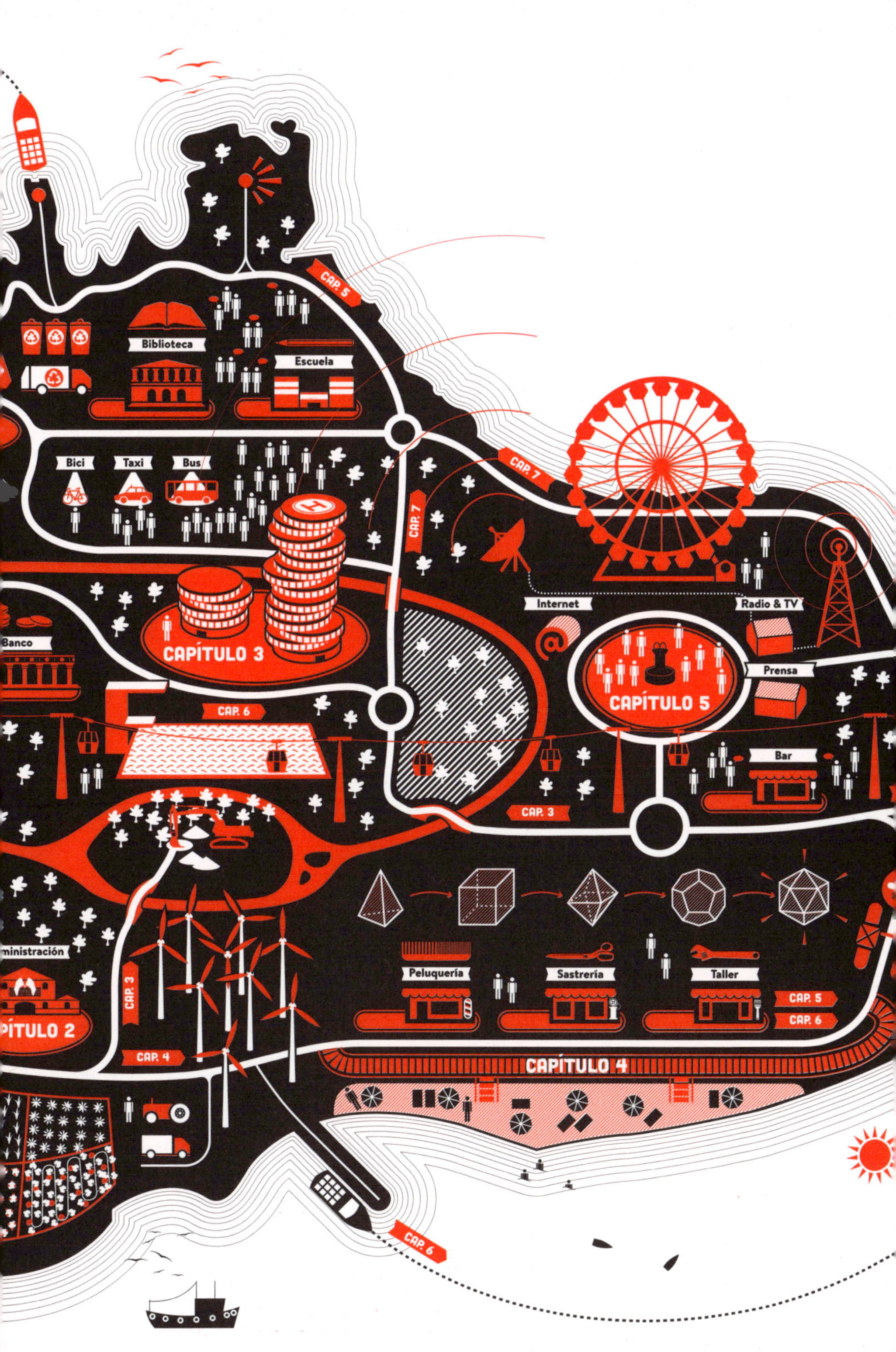

Biblioteca
Escuela
CAP. 5
Bici
Taxi
Bus
CAP. 7
CAP. 7
CAPÍTULO 3
Internet
Radio & TV
Banco
Prensa
CAPÍTULO 5
CAP. 6
Bar
CAP. 3
Peluquería
Sastrería
Taller
CAP. 5
CAP. 6
Administración
CAP. 3
CAPÍTULO 2
CAP. 4
CAPÍTULO 4
CAP. 6

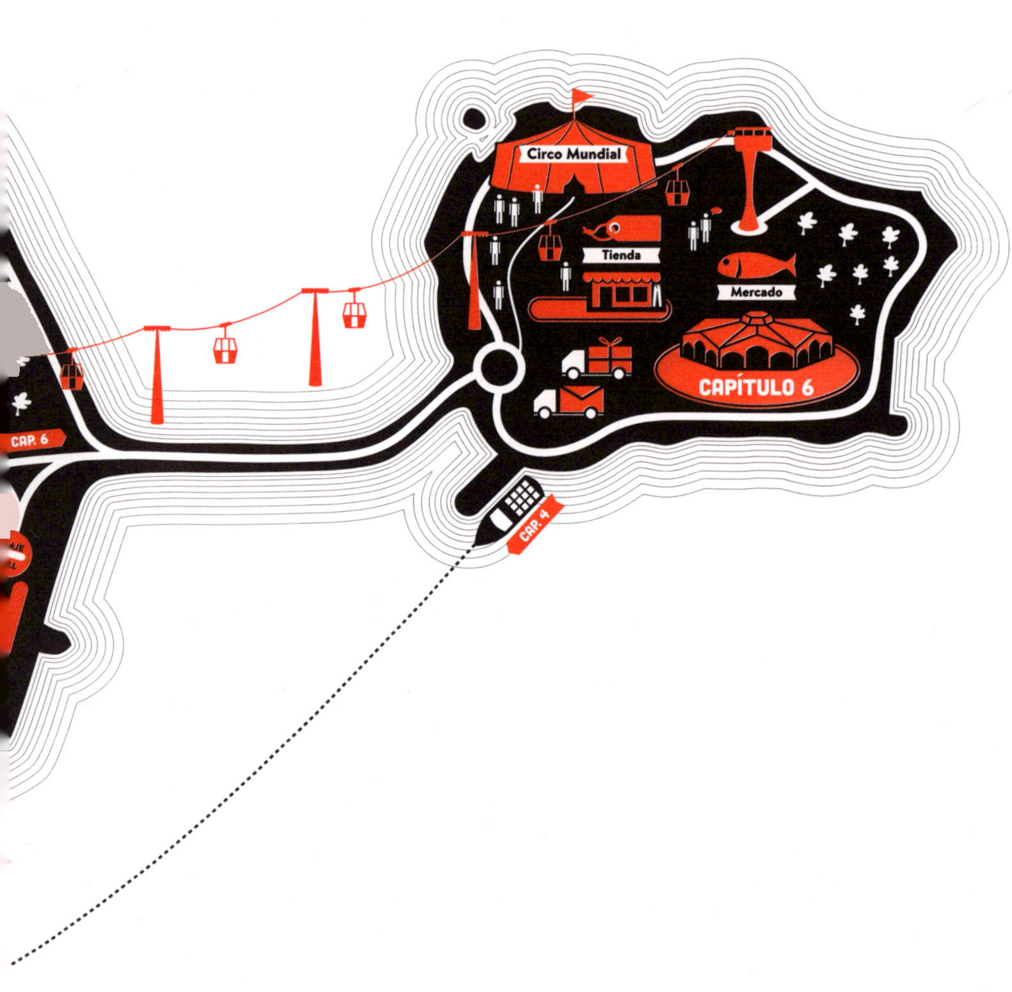

Circo Mundial
Tienda
Mercado
CAPÍTULO 6
CAP. 6
CAP. 4

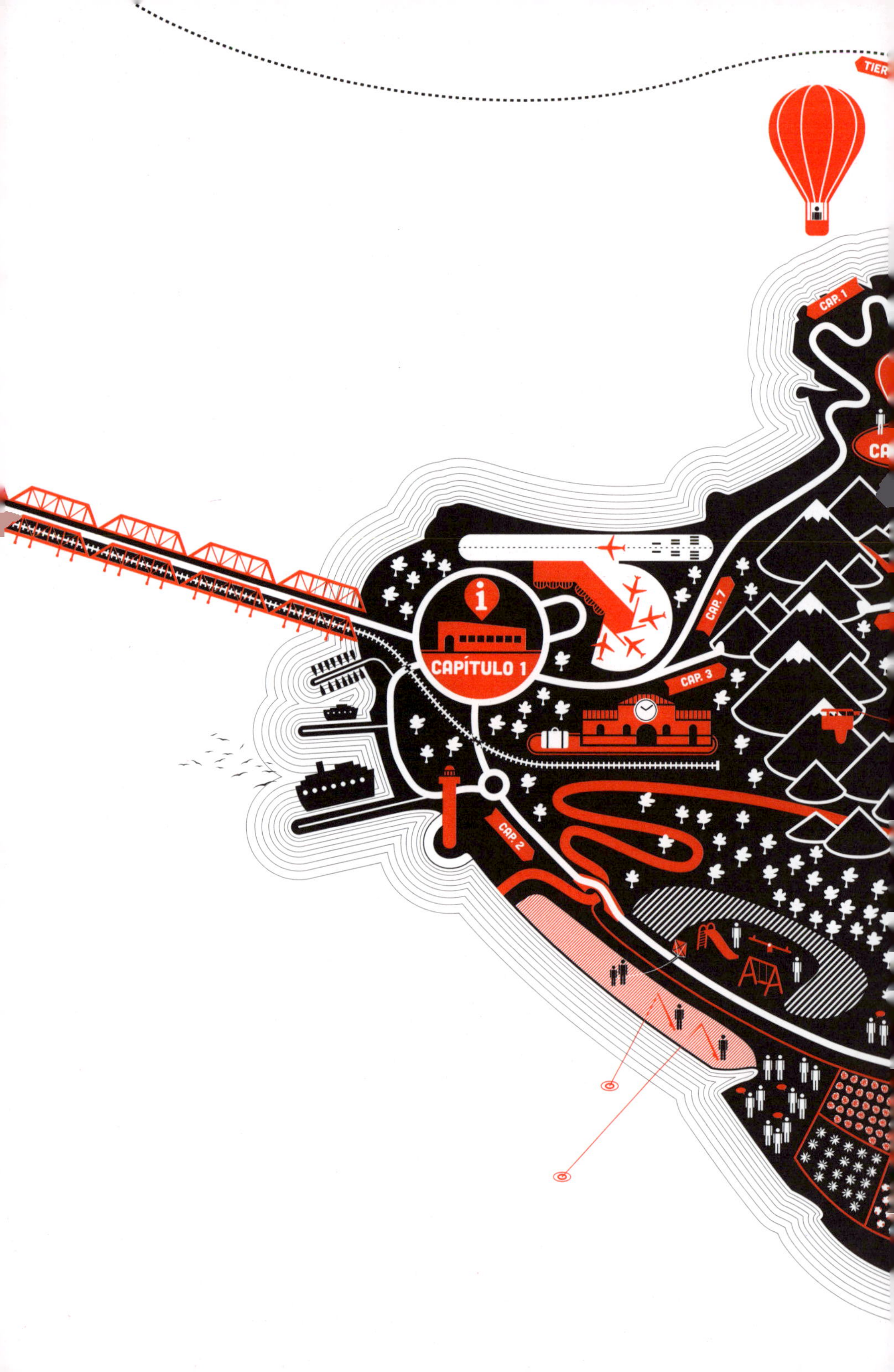

TIER
CAP. 1
CA
CAP. 7
i
CAPÍTULO 1
CAP. 3
CAP. 2

¿Qué objetos cobran vida en tus manos? ¿Cuál es la técnica que dominas? ¿Con qué material disfrutas más? ¿Lo tuyo es la cerámica, la carpintería, la costura, el ganchillo..., o quizás la serigrafía, el trabajo en vidrio o en cuero?

Si tienes este libro entre tus habilidosas manos, estoy convencida de que has contestado mentalmente a mis preguntas mientras leías, sin mayor dificultad, pero si te planteo las cuestiones siguientes:

▪ ¿Quieres convertir tu talento creativo en tu negocio?

Y si ya lo has hecho:
▪ ¿El dinero que ganas te permite vivir de ello como desearías?
▪ ¿Estás viviendo el sueño que tenías cuando empezaste?
¿Qué me responderías?
"No contestes todavía, por favor. Espera a leer este libro"

He escrito estas páginas con el único fin de ayudarte a responder estas preguntas y a tomar decisiones acertadas al respecto. Quiero mostrarte todo lo que considero que debes saber sobre un negocio centrado principalmente en la creación de productos hechos a mano como necesaria prevención; porque, según mi punto de vista, este sector sufre de un exceso de idealización que, en muchos casos, es la causa principal del fracaso de un proyecto.

Antes de empezar, tengo que avisarte de que aquí no encontrarás información sobre técnicas o materiales, ni mucho menos sobre cuál es el mejor producto para triunfar. En este libro vas a encontrar, de manera muy resumida, todo lo que te explicarían en una escuela de negocios, pero aplicado a proyectos artesanales. Esto significa que te hablaré, de una manera muy accesible y comprensible, acerca de temas relacionados con la gestión y la organización, las finanzas, las personas, la imagen, la comunicación, el marketing, las ventas, los precios, la tecnología... con el objetivo de hacer que los escollos que hay que superar para establecer un negocio propio sean sorteables, y los éxitos que consigas, mayores.

Quizás estés pensando que todo esto te va muy grande y que tú solo deseas tener un autoempleo o un pequeño negocio, pero vale la pena que sepas que la falta de formación en los ámbitos de la gestión suele ser el motivo principal por el cual fracasan la mayoría de los negocios, independientemente de su tamaño. A priori, quizás te cueste creer esta afirmación, pero te aseguro que adquirir esos conocimientos, aunque en un inicio sean básicos o los pongas en práctica a una escala micro, es una cuestión de vital importancia para ti. Es la única manera de maximizar tus posibilidades de éxito, y si decides crecer, de partir de un proyecto escalable con una base sólida.

Una de las mayores razones por las que la gente creativa no es productiva cuando tiene un negocio propio es porque se queda paralizada ante las múltiples responsabilidades que este implica.

Ten en cuenta, sin embargo, que esta no es una guía paso a paso para montar un negocio. Va un poco más allá: pretende enseñarte cuáles son los fundamentos de cualquier empresa para que, al finalizar la lectura de este libro o en un futuro, puedas ajustarlos a ti y a tu especialidad y lograr, con ello, tu ambicioso objetivo.

En el mundo de los negocios, igual que en cualquier otro sector, existen modas y tendencias. Este libro quiere provocarte un cambio de mentalidad que te permita adaptarte a los cambios y reinventarte siempre que sea necesario, una actitud que es parte intrínseca del éxito. Por ejemplo, no te voy a hablar de cómo sacarles partido a las redes sociales, quizás muchas de ellas dejarán de existir en breve, desplazadas por otras nuevas. Yo misma utilizaba algunas cuando empecé que ahora han desaparecido, aunque fueran pioneras en su momento. Mi deseo es que llegues a tener y a aplicar tu propio criterio para decidir si debes adoptar las nuevas tendencias en comunicación, marketing, ventas, software, aplicaciones tecnológicas... existentes en el mercado. Y que tomes conciencia de que, para tomar estas decisiones, el reciclaje y la formación continuos constituyen una parte muy importante de tu negocio.

Aunque todo cambie, tu propósito es el que te ayudará a adaptarte sin perderte.

Tener una idea —aunque sea una gran idea—, materializarla, e incluso obtener éxito con ella no es la parte más difícil a la hora de crear un negocio. Lo más complicado es conseguir que este momento de felicidad no sea un hecho fugaz, sino que se sostenga a lo largo del tiempo sobre una estructura empresarial sólida, sobre una constancia y una motivación que te permitan seguir adelante.

Este libro quiere ser un manual de consulta del que puedas disponer siempre que lo necesites. Por ello quisiera pedirte que no lo guardes en tu biblioteca una vez leído. Me gustaría que este libro se convirtiera en parte de tu día a día, que acabara deteriorado o sucio por estar siempre a mano, en tu mesa del estudio o del taller; que quedara "tatuado" con tus notas manuscritas sobre los aspectos propios de tu especialidad.

Aquí no vas a encontrar todas las respuestas que buscas; no existe un libro así. Pero me gustaría que, por lo menos, encontraras el hilo conductor para llegar a ellas. Esta ha sido mi intención al escribirlo. La vida y los negocios son un aprendizaje continuo; de hecho, cuando crees que ya lo sabes todo empieza el principio del fin.

Tienes por delante mucho trabajo por hacer y cosas por aprender, sacrificios y renuncias y noches en vela. Pero también te esperan días de celebraciones, de risas, de alegría extrema, de descubrir nuevos amigos en tus colaboradores y clientes, de momentos de plenitud disfrutando de la creación...

Si tienes claro que quieres apostar por tu talento y por ti, no lo dudes:

¡ADELANTE Y A POR TODAS!

Mònica Rodríguez Limia

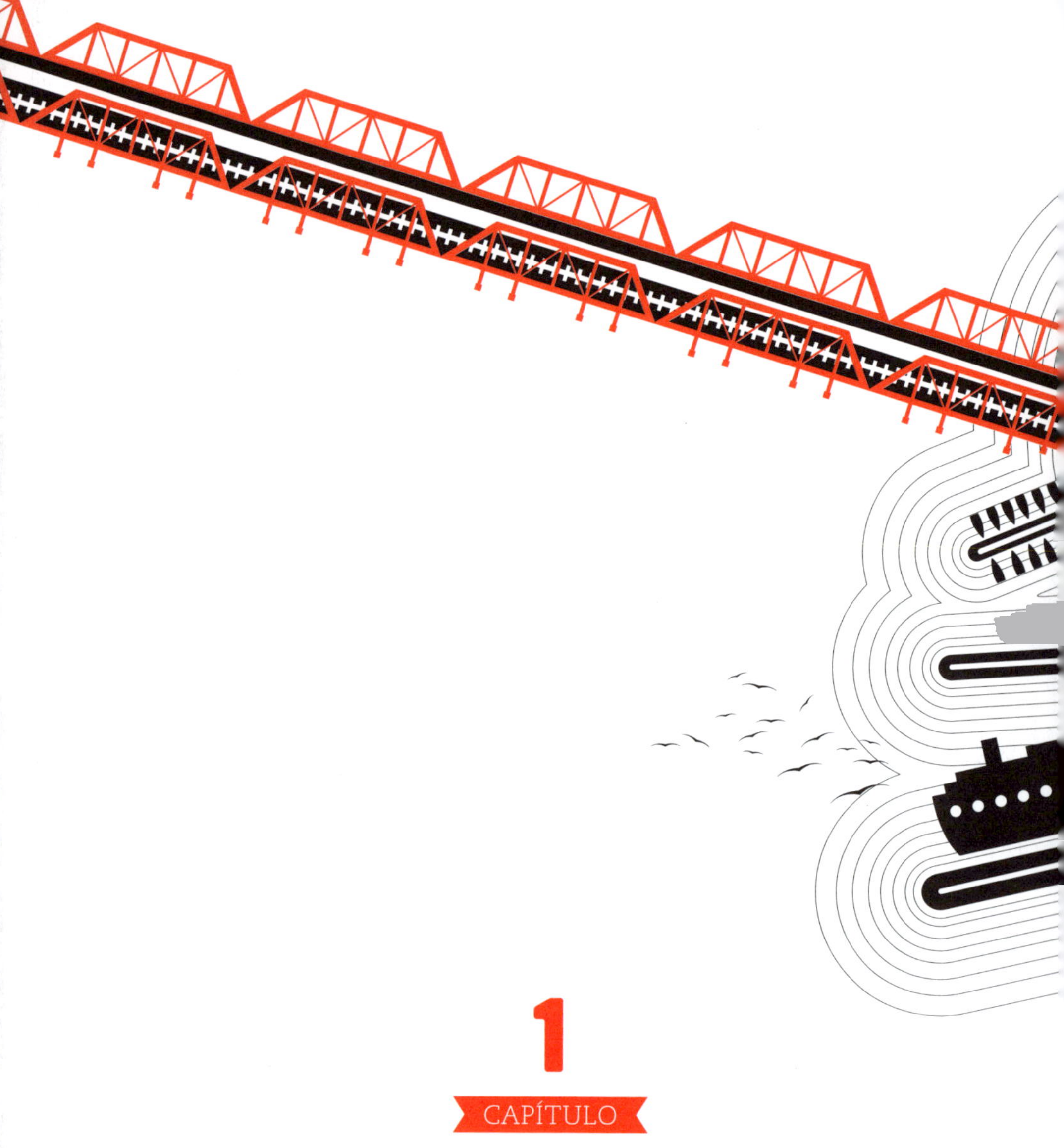

¿POR QUÉ QUIERES CONVERTIR TU TALENTO EN UN NEGOCIO?

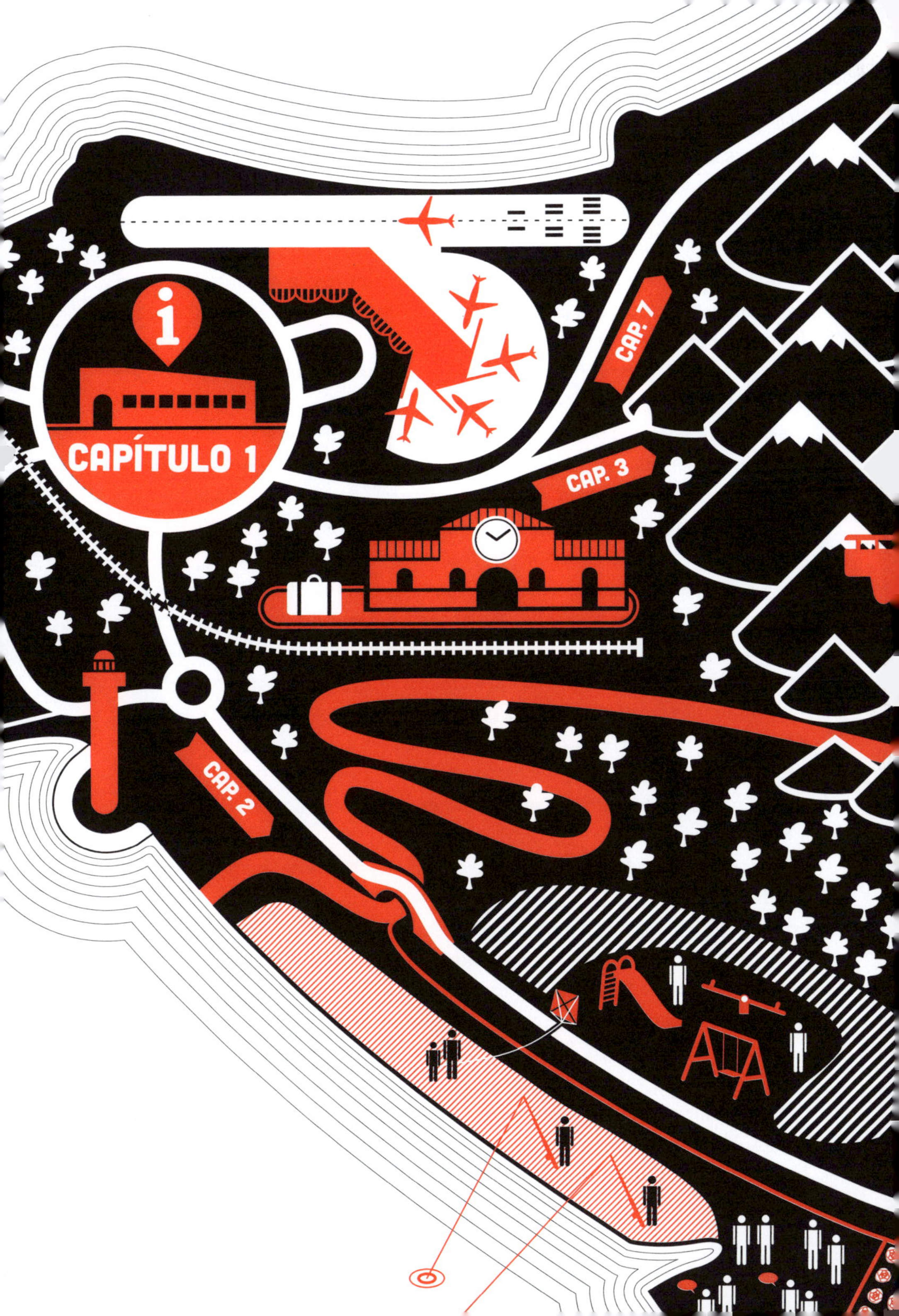

CAPÍTULO 1
CAP. 7
CAP. 3
CAP. 2

Después de haber leído la introducción de este libro ya te habrás dado cuenta de que crear cosas con tus propias manos es un arte; para hacer de ello un negocio hay que sumarle las actividades propias de una empresa de tu sector: el de los negocios "hechos a mano". Pero antes de seguir definamos a qué nos referimos con los términos *hecho a mano*, *artesanía*, *handmade o crafts*, que son más controvertidos de lo que puedas pensar. Para demostrártelo te plantearé este "sencillo" caso:

Sara se dedica a hacer muñecas de trapo. Las dibuja, hace el patrón, corta la tela y las cose. En un día puede hacer no más de 3 o 4. Pero ¿qué diferencia su trabajo del que hacen cientos de personas como ella en una fábrica?

(NB: Si bien es cierto que, en algunos procesos industriales, a veces intervienen artesanos con el fin de aportar valor a la pieza fabricada, en esos casos hablaríamos de *profesionales del sector* y no de *freelancers* o *pequeñas empresas*, que son, de hecho, la temática de este libro.)

Como ves, esta cuestión suscita fácilmente el debate, pero como mi intención no es hacerte perder el tiempo en disquisiciones, te diré cuáles son las características que, a mi parecer, debe tener un negocio "hecho a mano" y que son en las que se basa este libro:

- Piezas únicas o series limitadas creadas por un artesano o *maker*.
- Mimo y cuidado en el proceso.
- Cercanía del creador.
- Gran parte del trabajo es manual, aunque puedan emplearse maquinaria y herramientas.
- Demostración pública del proceso creativo a través de imágenes, textos o vídeos.

Los productos con estas características pueden ser realizados por:

- Un artesano o un equipo de diseñador y artesano/s.
- Un *maker*, o diseñador artesano, es decir, una persona que realiza todo el proceso creativo él mismo: diseña y materializa el diseño con sus propias manos.

¿Encaja con esta descripción el tipo de negocio que tenías en mente? ¿Algunas características sí y otras no? Es normal, no te preocupes. Entiendo que precisamente lo que esperas de este libro es aprender más cosas sobre los negocios "hechos a mano", para, antes de empezar como emprendedor, cerciorarte de si se corresponden con lo que imaginabas y de que valen lo bastante la pena para lanzarse a montar un negocio, o, siendo ya emprendedor, para revisar si vas por el buen camino y en qué puedes mejorar.

Quizás te parezca excesivo dedicar un capítulo entero a plantearte si realmente quieres convertir tu talento en un negocio. Pero créeme: después de haber creado ya tres proyectos distintos relacionados con el *mundo craft*, te puedo asegurar que vale la pena tomarse un tiempo de reflexión para evitar posibles momentos posteriores de frustración y angustia e incluso de apuros económicos.

▶ Morir de éxito

Te pondré un ejemplo muy representativo de este tipo de penosas vicisitudes, que han sufrido en sus propias carnes algunos *makers* que conozco (¡y yo misma!):

¿Qué pasa cuando aceptas un encargo de 200 unidades de uno de los productos que habías creado como pieza única y tienes solo una semana de plazo para su entrega? En principio todo parece indicar que has triunfado, pero lo que empieza con una gran celebración puede acabar en llanto porque...

■ No habías calculado cuánto tiempo se tarda en hacerlo y no tienes a nadie que pueda ayudarte a crearlo en serie.

■ No tienes toda la materia prima que necesitas y el cliente quiere que todas las unidades sean idénticas.

■ Crear una sola era muy divertido, pero cuando vas por la pieza número 25 ya no te lo parece tanto.

■ Las herramientas que tienes no aguantan el desgaste de la creación de tantas unidades.

■ Tus manos se resienten y, después de horas sin dormir, cometes errores y tienes que repetir algunas piezas.

Para evitar "morir de éxito", entre otras cosas, es por lo que merece la pena empezar por el principio y avanzar despacio y con prudencia. Los proyectos con un fuerte componente emocional, como son los negocios que surgen de motivaciones personales, pecan de exceso de toma de decisiones en caliente.

¿CUÁNDO EMPEZASTE A PLANTEÁRTELO? ¿HACE 10 AÑOS, 10 MESES O 10 DÍAS?

Te sientes muy bien trabajando con las manos, es una sensación difícil de describir. Convertir en un objeto real una idea que tienes en la cabeza es algo que no deja de fascinarte. En ocasiones te relaja hacerlo y en otras te quita el sueño, en el sentido literal de la palabra, porque te mueres por ver acabada tu creación. No puedes evitarlo, ni tienes por qué. Es sencillamente excitante.

Quizás descubriste esta emoción cuando eras pequeño y desde ese momento no has dejado de buscarla; incluso puede que te motivara a elegir tus estudios superiores, aunque todos te dijeran que con esa opción no ibas a ganarte la vida.

También puede que seas —es lo más probable— de aquellas personas que tuvieron esta misma sensación en la infancia pero que, cuando llegó la hora de decidirse, pensaron que no era la opción más sensata y decidieron escoger una "carrera con futuro".

O quizás te hayas descubierto disfrutando de ella, de repente, mientras realizabas trabajos manuales por razones fortuitas, y se ha despertado en ti una nueva afición a la que has ido dedicando cada vez más y más horas.

Sea cual sea el camino que te ha llevado a convertir tu pasión en tu modo de vida, y lleves muchos o pocos años creando, lo importante, como ya debes saber, es la calidad y no la cantidad.

Todas las cuestiones técnicas se pueden aprender a base de horas y práctica. Incluso cualidades como la originalidad y el ingenio, cuya condición de aptitudes aprendidas o innatas suele debatirse tan a menudo, también se pueden ejercitar y mejorar y dependen frecuentemente de nuestra capacidad para soltarnos a la hora de expresarnos creando. Sí, existen genios —sería de necios negarlo—, pero constituyen un reducidísimo número de personas.

"Para mí la inspiración no va y viene.
Simplemente es experiencia, trabajo y reflexión."
ALBERT FOLCH

¿QUÉ ES REALMENTE EL TALENTO?

Te contestaré con otra pregunta: ¿no te ha pasado alguna vez que no entiendes el éxito comercial de un producto porque no cumple con las características que "se supone" debería tener? Seguro que sí. ¿Falta de talento? Tal vez sí, pero ¿cómo se mide el talento? ¿Qué baremo utilizamos? ¿Existe el talento en términos absolutos? No lo creo. En términos de negocio, lo que hay son miles de creadores diferentes y miles de potenciales clientes distintos que juzgarán su obra y su talento de manera subjetiva. El secreto del éxito está en conectar unos con otros.

Por estos motivos, mi intención en este primer capítulo no es darte las claves para saber si eres un *maker* con talento o no; ¡no soy tan osada! Como cualquier persona, tengo mis gustos y preferencias, y lo que para mí es extraordinario para otro puede resultar feo o vulgar. Los gustos, además, también pueden evolucionar con los años, lo digo por experiencia propia.

"Si no quieres hacerlo, encontrarás excusas.
Si estás decidido a hacerlo, encontrarás razones."
ANÓNIMO

Así que si a ti te gusta lo que haces y disfrutas haciéndolo, ¡no dejes de hacerlo por la sola razón de que alguien ponga en cuestión tu talento! Pero si lo que quieres es ganarte la vida con tu propio negocio, sí te vendrán bien algunas pautas sobre las habilidades empresariales que son imprescindibles para llevar adelante un proyecto *maker*. Si las dominas, ya nada podrá frenarte para llevarlo a cabo.

¿DE VERDAD TE GUSTA CREAR? ¿TANTO COMO PARA SER EMPRENDEDOR?

▶ Lo que supone ser emprendedor

Para empezar, se trata de trazar un plan a corto, medio y largo plazo. Con tiempo, formación, muchas ganas, constancia y una inversión económica que no tiene por qué ser muy elevada, es posible realizar tu sueño, bien decidas dejarlo todo y lanzarte, o bien combinarlo con otro trabajo.

Te seré sincera: he perdido la cuenta del número de veces que alguien me ha contado que se planteó hacerse emprendedor después de que algunos de sus amigos y familiares le hicieran cumplidos sobre sus creaciones o incluso le compraran algunas piezas. En la mayoría de esos casos, lo que empezó como algo lúdico perdió todo el encanto después de tener que hacer la misma pulsera o hacer el mismo jarrón 50 veces, trascendiera o no ese círculo inicial de personas.

No quiero decir que esta no sea una buena manera de empezar o de descubrir una posibilidad que uno no había valorado antes. Es tan válida como cualquier otra; pero, aunque duela reconocerlo, las tres F (*family, friends and fools*, 'familia, amigos y chalados', término inglés muy utilizado en el mundo del emprendimiento), poco tienen que ver con un estudio de mercado, aunque sea modesto, para testear si tu producto es susceptible de venderse bien. Quizás te ha gustado crear una miniserie de productos, pero ¿estás seguro de que los venderás? Como dice Custo Dalmau, fundador de la marca de moda Custo, "El arte no es (solo) pintar el cuadro sino (saber) venderlo".

Lo que recomiendo hacer ante esta duda es la prueba de producción y testeo de ventas. Por ejemplo, una opción para saber si tu producto es atractivo o no para futuros clientes y si —no menos importante— te gusta realmente manufacturar una colección de creaciones puede ser asistir a una feria que encaje con tu gusto y especialidad. Con una pequeña inversión puedes reservar un estand y preparar un número suficiente de piezas para vender.

Date tiempo, no hagas la reserva para el mes que viene, pero sí elige una fecha y gestiona la inscripción de modo que sea una prueba lo más similar posible a la realidad.

No te olvides de solicitar las condiciones de venta de la feria. Para empezar, te recomiendo que elijas un evento sin ánimo de lucro, que no te obligue a tener un negocio oficial.

Si puedes, repite la experiencia; puede ocurrir que el azar te juegue malas pasadas y la primera no sea confiable.

Aprovecha la ocasión para escuchar atentamente lo que te dicen tus visitantes y compradores; plantéales preguntas para conocer su opinión sobre tus piezas: por qué les gustan y, si no es así, qué cambiarían para mejorarlas.

Esta no es la única prueba posible, pero sí una de las más completas, ya que implica atender a diferentes partes de un negocio aunque sea a pequeña escala: planificación, creación, imagen, paquetería, precios, diseño de estand, logística, comunicación...

Pero, por favor, intenta no agobiarte. Sé que vas a querer hacerlo "perfecto" y, dejando de lado que la perfección no existe, de lo que se trata es de que vivas y disfrutes la experiencia y aprendas todo lo posible de ella. Si no, pasarás una jornada de nervios que te impedirán ser consciente de la vivencia y sacar tus conclusiones.

Puede ocurrir que llegues a la conclusión de que te gustan algunas partes del proceso y otras no, pero creo que el balance final debe ser positivo para dar un paso hacia el emprendimiento.

Mi experiencia en ferias, por ejemplo, me enseñó que no era precisamente el lugar donde quería estar. Pero, sobre todo en los inicios de un proyecto, hay que probar las diferentes opciones que ofrece tu sector y, aunque algunas de ellas no te gusten, si te aportan beneficios debes vivirlas como una inversión en tu negocio y aprovecharlas durante un tiempo. Piensa que no todas las posibilidades de exposición y muestra de tu trabajo son iguales, y que necesitarás un tiempo para conocer la que más encaja con tu personalidad y empresa. Si después de un tiempo de prueba razonable la experiencia sigue sin llenarte, siempre la puedes delegar o focalizarte en otras estrategias de negocio.

No obstante, es necesario remarcar que, en este sector, las ferias son una herramienta muy útil de comunicación, difusión y contacto personal con los clientes, que bien merece todos los esfuerzos para poner la maquinaria de tu proyecto en marcha.

FAMILIA, AMIGOS Y LOCOS. ¿TE IMPULSAN O TE FRENAN?

Las tres F que te he presentado en la sección anterior tienen una doble cara. Si hace un momento te decía que pueden ser el impulso para lanzarte a la piscina del emprendimiento —y, en este sentido, volveré a ellas en el capítulo 5—, también debo añadir que pueden ser el motivo de todo lo contrario.

Puede pasar que personas a las que quieres mucho y que te quieren a ti te digan cosas como estas:

- Es muy bonito lo que haces pero esto no es un trabajo de verdad. No se puede vivir de crear cosas a mano.
- Eres como una abuela todo el día haciendo jerséis.
- Está pasado de moda tener un oficio, no lo hace nadie ahora.
- ¿Has estudiado una carrera para hacer solo esto?
- ¿De verdad vas a dejar un trabajo bien pagado para ensuciarte las manos en un taller? ¡Estás loco!

Algunas te lo dirán con mala intención e incluso con envidia; en estos casos es más fácil lidiar con ello. Pero otras lo harán porque realmente están preocupadas por ti. Aunque cueste de entender y pueda doler, es su manera de demostrarte su afecto.

No siempre es malo que recibas estos comentarios: ayudan a reflexionar. Pero si realmente lo tienes claro, no debes permitir que te frenen. Es peor arrepentirse de no haberlo intentado que sobrellevar estos comentarios.

A veces, con el paso del tiempo, quienes te los han hecho cambian de opinión; pero también puede ocurrir que sigan pensando lo mismo aunque te vean feliz viviendo de lo que te apasiona.

Así que recuerda: si alguna opinión debe predominar, es la tuya. Tú decides.

Pero si sigues adelante, necesitarás apoyo y consejo, además de soporte financiero; por uno mismo no se llega a donde se quiere ir. Recurre a amigos que crean en ti, a otros emprendedores —serán los que mejor te entiendan— o a un mentor, alguien que ya haya pasado por tu misma experiencia pero que esté en una fase más avanzada de su proyecto. Tus socios e inversores también pueden contribuir, pero, como parte implicada, la relación no es la misma.

Algo que te recomiendo encarecidamente en relación con el impacto que tu decisión tendrá en tu vida personal, sea cual sea tu situación, favorable o no, es que comuniques tus planes a tu entorno cercano, sobre todo a tu familia. Emprender, especialmente al principio, puede resultar muy cautivante y te absorberá muchas horas que antes dedicabas a ellos, lo que puede hacer que vuestra relación se resienta. La sensación de euforia al principio es tan grande que puede hacerte creer que ese trabajo bastará para alimentar tu espíritu toda la vida. No caigas en ella: ¡es un espejismo! Créeme, no vale la pena: la familia, los amigos y tú mismo sois lo más importante en la vida. Si no eres capaz de compatibilizar ambas cosas, tu éxito en tu negocio tendrá un sabor muy amargo. Y si por desgracia no funciona como deseabas, te quedarás sin nada en el sentido más amplio y triste de la palabra.

Mi recomendación es que mantengas un ritmo intenso durante un tiempo determinado; después, debes bajarlo y permitirte puntas de actividad solo excepcionalmente, por el bien de ellos y de ti mismo. No serías el primero ni el último que perdiera a la pareja y a los amigos por un proyecto.

Vaya, ahora que empezabas a tenerlo muy claro, te planteo esta pregunta.

¿TODO EL MUNDO PUEDE SER UN EMPRENDEDOR?

Lo siento, no quiero desanimarte. Mi mayor deseo es que seas feliz con lo que haces y con las decisiones que tomes, pero sobre todo en tiempos de crisis la palabra emprender surge frívolamente como la panacea o como la única manera de sentirse realizado en la vida, y no quisiera que cayeras presa de esta falsedad. Hay que ser consciente de las dificultades de emprender un negocio "hecho a mano", y por este motivo he escrito este libro.

Pero si el emprendimiento no es una panacea, tampoco quiero engañarte haciéndote creer que entre estas páginas encontrarás el método perfecto para todo *maker* que quiera emprender. Me gustaría que fuera así, pero creo que hay tantos creadores como tipos de personas, y nuestras aptitudes y actitudes encajan con las diferentes opciones laborales existentes, todas ellas buenas. Quiero ayudarte a detectar en cuál encajas tú y que no descartes la posibilidad de desarrollar la profesión que sientes de manera vocacional trabajando para terceros o, de manera igualmente válida, manteniéndola como una opción de ocio.

Muchas de las cosas que te cuento en este libro las he aprendido por el método de ensayo-error o formándome en otras competencias no especializadas en *crafts*, principalmente porque no existían. Mi primer contacto con el emprendimiento fue en 2005, cuando decidí que quería tener mi propio negocio de diseño y creación de joyería textil y complementos. Aunque la experiencia duró unos años y fue realmente valiosa, no fue como habría deseado y, bien por ignorancia, bien por falta de atrevimiento, nadie me dio en aquel momento ni la décima parte de consejos que yo estoy dándote ahora. Con la perspectiva que da el paso del tiempo, me habría gustado que alguno de los profesores que tuve al formarme en emprendimiento me hubiera dicho que no me veía preparada para trabajar por cuenta propia. Si bien es verdad que creo en la máxima "progress not perfection" y que se aprende haciendo camino y cometiendo errores, sí que creo que es necesaria una cierta base para acelerar el proceso y no sufrir demasiados tropiezos. Porque no se trata de memorizar datos, sino de cambiar tu mentalidad. Si consigues eso, ¡llegas a donde te propongas!

Soy de las que piensan que a veces es necesario escuchar palabras que no nos gustan, porque pueden evitarte una frustración más desagradable aún e incluso que llegues a arrojar la toalla. Después de oírlas puedes hacer lo que consideres, claro está, pero creo que con una información más realista puedes detectar a tiempo si tomaste una buena decisión o si es necesario adaptar engranajes o cesar en el intento. Lanzarse a por todas e incluso correr riesgos no es malo, a veces incluso funciona; pero es mejor hacerlo sobre buenos cimientos, que nos permitan seguir aprendiendo mientras evolucionamos. Lo que implica el verbo *emprender* no encaja con todas las personas o con todas las etapas de la vida de una persona. A veces, simplemente, no estamos lo suficientemente maduros y solo es cuestión de dejar pasar el tiempo.

En ocasiones, el motivo de que tu negocio no funcione no es la idea en sí misma o tu persona. Puede suceder que todavía no exista demanda suficiente para tu producto porque te has anticipado, o que todavía no tengas los conocimientos suficientes para que todo marche de manera óptima, y solo sea una cuestión de tiempo o de formación conseguir resultados.

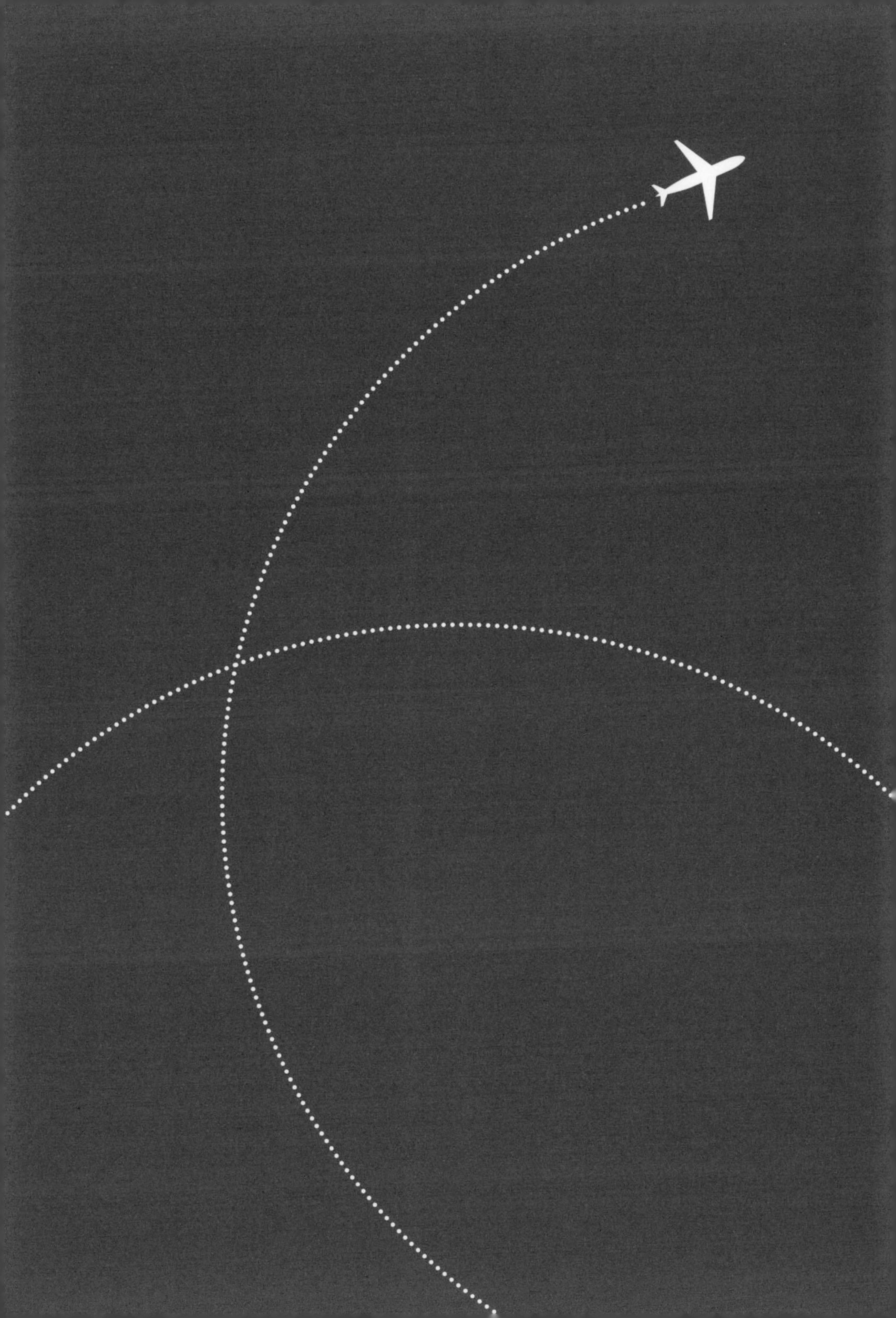

Enfrentar la decisión de no emprender o cesar en una actividad después de años de trabajo no debe ser nunca un motivo de vergüenza; todo lo contrario, es más bien un acto de sensatez, un ejercicio de responsabilidad con uno mismo que servirá para minimizar daños emocionales y económicos.

No es extraño que la misma actividad que nos proporcionaba un placer intenso cuando la llevábamos a cabo de manera espontánea o trabajando por cuenta ajena pueda acabar creándonos frustración e incluso estrés porque tenemos que atender a varias áreas de nuestro negocio.

Si esto ocurre, en ningún caso hay que tomárselo como un fracaso; al contrario. Cuando emprendemos no solo aprendemos nuevas técnicas, procesos o sistemas: también aprendemos a responder a nuevas situaciones y nos desarrollamos a un nivel humano, nos volvemos más fuertes y flexibles ante los cambios. Si decidimos volver a trabajar por cuenta ajena o emprender en otro sector, comprobaremos que nuestro campo de acción se ha ampliado notablemente y nuestra actitud y aptitudes son mayores. Así que, superado el vértigo inicial de la decisión de abandonar nuestro proyecto por cuenta propia, seremos conscientes de todo lo que hemos ganado con la experiencia y miraremos al futuro con otros ojos.

Esta cuestión es tan importante que he decidido dedicarle toda una sección. Volveremos a abordarla en el capítulo 7.

———

"El riesgo no es el mismo la segunda vez."
JOHN ZINSSER

———

Creo sinceramente que la cultura del emprendimiento es tan positiva y necesaria que debería formar parte del currículo educativo. *Emprender* no es un verbo que se aplique solo al mundo empresarial. Atreverse, cuestionarse, no pensar que las cosas son fijas y permanentes, ser flexible, experimentar, aprender del error, celebrar los éxitos... son actitudes que forman parte del emprendimiento, en los diferentes ámbitos de la vida.

En todos los casos —y, por supuesto, en el ámbito de los negocios también—, emprender nunca es una pérdida de tiempo; siempre se gana algo, incluso cuando las cosas no salen como habríamos deseado. Con todo, hay más de una forma de emprender, y conviene escoger la que mejor encaje con la vida que desearíamos y con nuestra particular idea del éxito.

▶ Dedicación exclusiva, media o puntual a una actividad comercial

Aunque en principio tu idea sea tener tu propio negocio, también puedes plantearte combinar esta actividad con otros empleos, dedicándole por ejemplo media jornada, o trabajar en ella solo ocasionalmente, como una manera de ganar un dinero extra o sin más finalidad que obtener las ganancias necesarias para subvencionar tu hobby. Sin embargo, en determinados países, esta última opción no es fácil de poner en práctica debido a la estricta legislación que afecta a las actividades comerciales. Por ello, si es esta tu intención, te recomiendo que hagas las consultas pertinentes en un organismo oficial.

Estas tres opciones que te presento tienen mucho que ver con tu personal definición de éxito, porque esta palabra, tan desvirtuada por su asociación con el dinero y el reconocimiento, puede tener significados distintos para cada persona. Para algunas puede representar ganar tiempo libre para disfrutar de una vida tranquila y pausada; para otras, todo lo contrario. Sea como sea, el éxito se obtiene por el simple hecho de poder elegir cómo vivir tu vida.

Lo que sí está claro es que, dependiendo de tu particular definición de *éxito*, tendrás que elegir un tipo de negocio que se ajuste a tus necesidades. Lograr el proyecto que deseas no será cosa de un día; pero pensar en ello desde un inicio es la única manera de trazar un plan y evitar futuras frustraciones. Por el camino, sobre todo en proyectos que necesitan años de desarrollo, puede cambiar nuestra definición de éxito, momento en el que podremos rediseñar nuestra planificación. No hay nada "para siempre", ni en la vida ni en los negocios.

Trabajar por cuenta propia o tener una empresa no se limita a un tipo de negocio: abarca mil tipos y modelos. Todos conllevan una dedicación, implicación personal e inversión económica importante (proporcional en cada caso), sobre todo en los primeros años, donde se viven momentos (buenos y malos) especialmente intensos.

Siento decirte, ya en este primer capítulo, que la idea que quizás tengas en mente de crear tu propio negocio solo para poder consagrarte a la creación debe ser considerablemente redibujada.

De ningún modo va a ser así. Incluso si todo lo demás no te atrae en absoluto, crear no puede ser tu única motivación; sobre todo durante los primeros años. Y si además tu inversión inicial no es muy alta y no tienes equipo o socios, la dedicación debe distribuirse proporcionalmente entre todas las áreas del negocio.

A lo largo de los capítulos que siguen entenderás por qué me atrevo a afirmarlo de manera tan rotunda.

En ocasiones, con pocas horas de trabajo es posible conseguir muy buenos resultados. No es nada fácil conseguirlo, pero hay ciertos modelos de negocio que permiten este nivel de rendimiento. Exigen, eso sí, un gran esfuerzo personal y económico en la creación de una estructura y sistema de trabajo iniciales, pero, después, tu presencia no es tan necesaria.

A primera vista puede parecer que esta opción en concreto poco tiene que ver con el espíritu *maker*; quizás incluso pienses que, si no pasas todas las horas del día trabajando manualmente, no eres suficientemente auténtico. Déjame que te diga que esta es una falsa creencia.

Como *maker*, debes pensar más en términos de productividad y rentabilidad que de dedicación horaria. Es un falso mito que más horas signifiquen más beneficios. Si no cambias esta mentalidad, solo conseguirás acabar cansado y frustrado.

Por ejemplo, gracias a las nuevas tecnologías, tu trabajo puede ser grabado en un vídeo con el fin de ser ofrecido a modo de tutorial a través de diferentes canales. Es un trabajo manual en origen, convertido en un producto online que, mientras se vende durante las 24 h de los siete días de la semana, te permite disponer de tiempo y dinero para seguir creando.

En el capítulo 5 te explicaré todos los detalles relacionados con la creación de un plan de negocio y financiero que se ajuste a tu definición de *éxito*, y en el resto de los capítulos encontrarás muchos otros para rentabilizar tu trabajo.

▶ Hándicaps del *maker*

Hablemos de nosotros, los *makers* y artesanos.

Si bien las cualidades del creativo en muchos casos son obvias, de lo que nunca se habla abiertamente es de sus hándicaps, sus puntos débiles, y creo que es algo a lo que debes prestar mucha atención antes de empezar. Las estadísticas demuestran que uno de los errores habituales que llevan una empresa creadora al fracaso es una formación empresarial deficiente. No obstante, tener esta preparación, además de la artística, tampoco es una garantía: el autoconocimiento es el tercer pilar que permitirá sostener tu negocio de una manera estable.

El creador emprendedor debe ser una suma de técnica, creatividad, pasión y negocio. En esta fórmula, el peso emocional es un componente fundamental, lo que hace que, a veces, el bloqueo mental o los miedos impidan que el engranaje funcione.

Yo tengo la teoría, basada en los cientos de conversaciones que he mantenido con creativos, de que nuestra mente tiene una poderosa y negativa influencia sobre nosotros y nuestro trabajo, sobre todo a la hora de querer vivir de la creación. Es evidente que este no es un freno exclusivo de los *makers*, pero sí creo que muchos de ellos comparten una mentalidad que me gustaría describir para ayudarte a combatirla.

¿TE RECONOCES EN ALGUNOS DE ELLOS?

☐ Dominio de la técnica, pero sin conocimientos de empresa.

☐ Mala relación con el dinero y con los términos *empresa y negocios*. Como si crear fuera menos sincero y auténtico asociado a ellos.

☐ Timidez, dificultad para la exposición pública y las relaciones sociales; sobre todo en temas relacionados con sus creaciones.

☐ Perfeccionista. Confunde la búsqueda de la perfección con la excelencia.

☐ Mala percepción del tiempo; actitud "en busca de la musa". La rutina como enemigo.

☐ Exceso de ideas, poco foco, fácil dispersión, poca ejecución.

☐ La adrenalina tiñendo la realidad de color de rosa, o todo lo contrario: sumiéndolo todo en un triste gris.

☐ Llevar el *carpe diem* demasiado al pie de la letra.

☐ Enamorarse de sus propias creaciones.

☐ Miedo a equivocarse; no aprender lo suficiente de los errores.

☐ Percepción de la escala. Todo parece más fácil o más difícil de lo que es.

☐ No saber decir "no". Entre otras razones, porque le atraen cosas y actividades muy diversas.

*"El artista que busque la perfección en
todas las cosas no la consigue en ninguna."*
EUGENE DELACROIX

PORQUE TÚ... ¿TE IMPULSAS O TE FRENAS?

Yo me reconocía en muchos de los hándicaps que acabas de leer. Llegué incluso a pensar que no tenía remedio, que era mi naturaleza. Puse mucho empeño e invertí dinero y tiempo en formación, y la idea de rendirme pasó por mi cabeza más de una vez. Después, con el paso de los años, me di cuenta de que sí había avanzado, muchísimo más despacio de lo que habría deseado, pero ¡lo había conseguido! Porque si estás realmente motivado y apasionado por lo que haces, verás que podrás seguir trabajando para superar tus carencias y reforzar tus puntos fuertes. Cada avance en el plano intelectual también lo es en el emocional, y se retroalimentan.

Mientras planificaba este libro, reflexioné mucho sobre el ritmo de la formación de los emprendedores *makers*, y si realmente debían seguir un proceso tan lento como el mío. Le di mil vueltas diciéndome a mí misma que tenía que haber un camino mejor y más corto y ¡encontré la respuesta!

Llegué a la conclusión de que mi error había sido invertir muchísimo menos de lo debido en educación emocional. ¡Un error fatal!

▶ Para emprender o tener un negocio propio es tan importante la educación emocional como las asignaturas de contabilidad y fiscalidad

¿Cuántas veces sabemos la teoría al detalle y no somos capaces de pasar a la acción? Nos paralizan el miedo —la mayoría de las veces, infundado—, los prejuicios, las malas influencias y dejamos de hacer algo que nos podría acercar a nuestro sueño. ¡Nos falta creer en nosotros mismos!

¿Has oído hablar alguna vez del síndrome del impostor? Lo más seguro es que no, pero sospecho que sí debes de haber experimentado sus síntomas.

¿ALGUNA VEZ TE HAS DICHO UNA DE ESTAS FRASES?

- ☐ Si no lo sé todo, entonces no sé nada.
- ☐ Si no es absolutamente perfecto, entonces no le puede servir a nadie.
- ☐ Si no estoy operando al 100 % de mi capacidad siempre, entonces soy incompetente.
- ☐ Nadie necesita lo que ofrezco y, además, ¿cómo voy a pedir dinero por algo que me gusta hacer?
- ☐ No soy abogado o médico. ¿Tengo derecho a ganarme la vida simplemente creando?
- ☐ Esto me gusta demasiado; seguro que se acabará pronto y para mal.
- ☐ Hay miles de personas que lo hacen mejor que yo.

Déjame decirte una cosa:

Tienes derecho a hacer lo que te gusta y ganarte la vida con ello. Te mereces que te vaya bien. Puedes mejorar por el camino y seguir creciendo. Puedes tener el tamaño de negocio que tú decidas. Podría seguir hasta el infinito pero prefiero demostrarte por qué creo que es así, para que tú también lo creas.

MINIDOSIS

—

¿TE PREOCUPA LA IDEA DE NO TENER SUFICIENTE TALENTO? ¿CREES QUE NECESITAS MEJORAR ANTES DE EMPRENDER? ¿HASTA QUÉ PUNTO ES VERDAD?

—

PIENSA EN CUÁL ES TU DEFINICIÓN DE ÉXITO.

—

¿CUÁNTO TIEMPO QUIERES DEDICARLE A TU NEGOCIO?

—

PONTE A PRUEBA Y TESTEA TU PRODUCTO FUERA DEL CÍRCULO DE LAS TRES F.

—

¿TE IMPORTA LO QUE PIENSEN LOS DEMÁS DE TI Y DE TU TRABAJO? ¿SON OBSERVACIONES OBJETIVAS?

—

¿CUÁLES SON TUS HÁNDICAPS? ESCRÍBELOS. PERO RECUERDA: ¡PUEDES REDUCIRLOS E INCLUSO ELIMINARLOS!

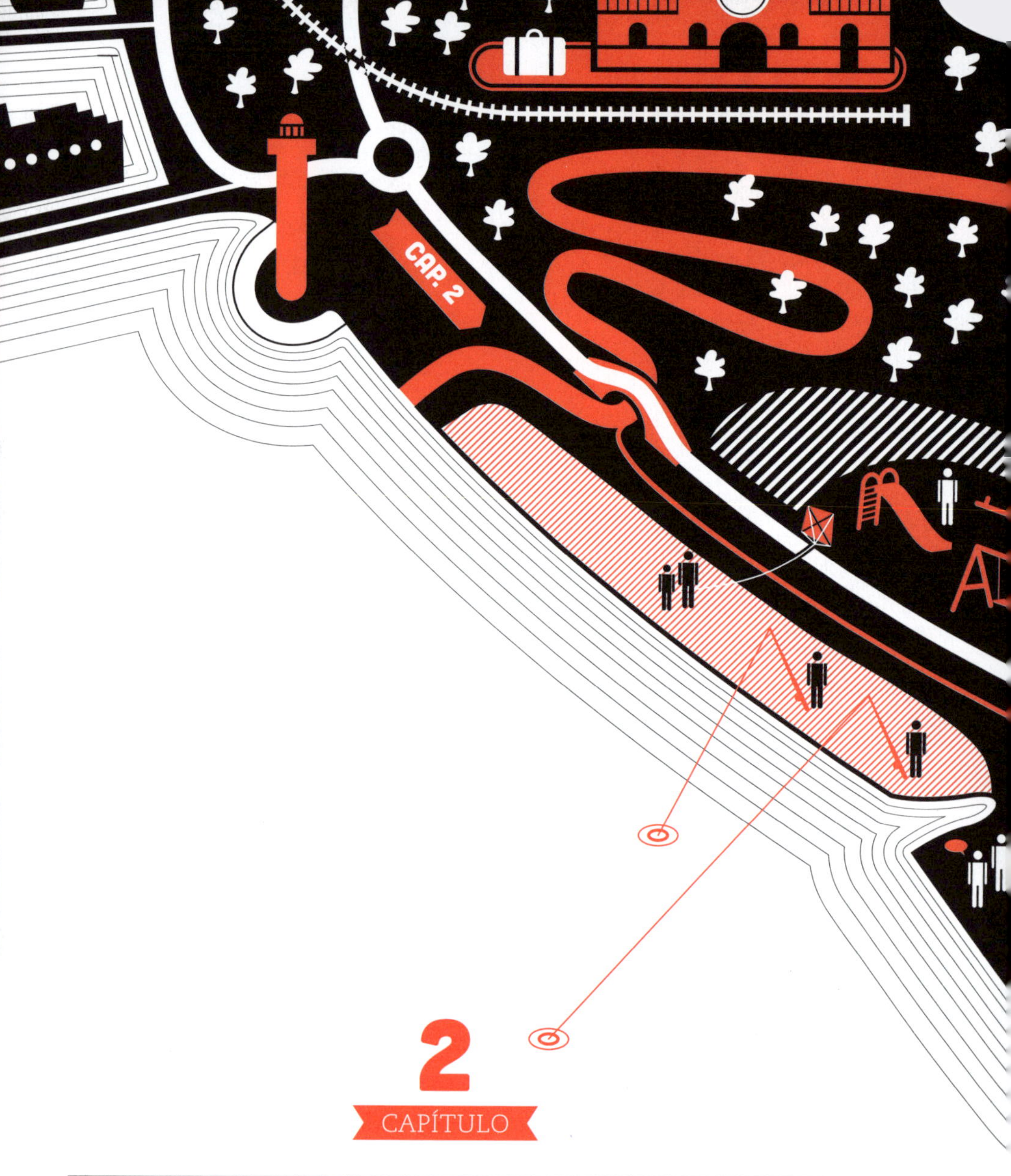

2

¿CÓMO QUIERES QUE SEA TU NEGOCIO?

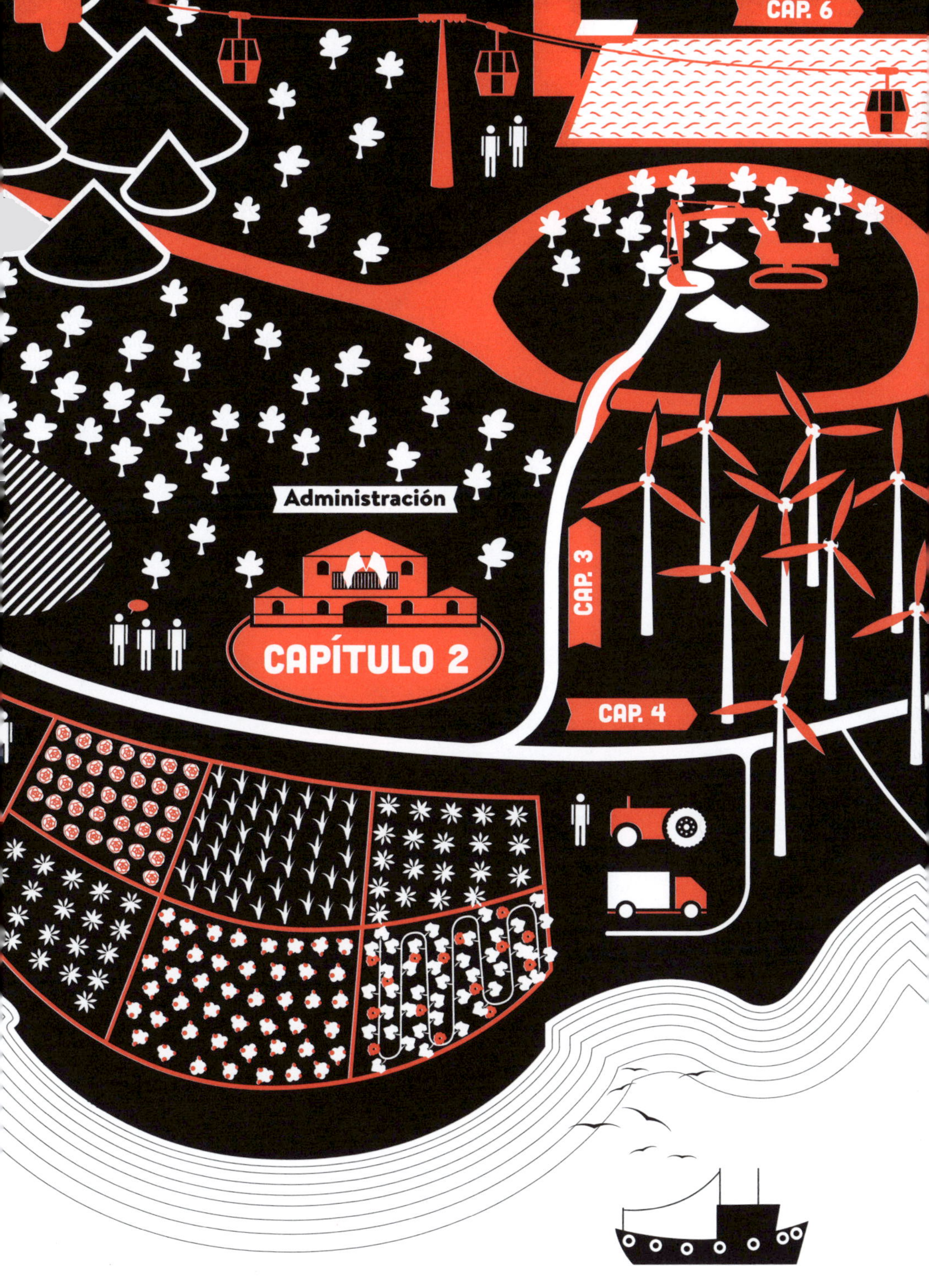

CAP. 6
Administración
CAPÍTULO 2
CAP. 3
CAP. 4

"Todo está ya inventado" es lo que me dijeron mis profesores cuando inicié mis estudios de ilustración; y añadieron: "Lo único que podemos hacer son nuevas mezclas de cosas o ideas que ya existen".

Ambas frases me impactaron. Yo que pensaba que iba a plasmar mi mundo imaginario, especial y único a través de dibujos... Y la verdad es que, durante mucho tiempo, pensé que era como mis profesores decían, algo que no resulta muy motivador. Pero, como puedes imaginarte, ninguno de los alumnos que estábamos en clase ese día se levantó y abandonó los estudios. A la pasión, y sobre todo a la inocencia e impulso de la juventud, no la frenan tan fácilmente.

Es más, para demostrarles que estaban equivocados cometí el tremendo error de empecinarme en lograr hacer el trabajo perfecto, con la angustia que eso conlleva.

Lo más parecido a "para ser único y con personalidad debes escuchar tu voz y ser tú mismo" que oí durante mis estudios fue la frase que me dijo una de mis tutoras: "Es más importante tener código que dibujar bien". Por aquel entonces no me supieron explicar a qué se referían con eso de "código". Por suerte, hace ya muchos años que descubrí su significado y la importancia que tiene, no tanto para convertirlo en un negocio que sea tu modo de vida, sino para encontrar una manera de expresarte y disfrutar.

Mi época de estudiante fue una de las mejores de mi vida, pero vista con la sabiduría que da el tiempo, tengo que decir, aunque me duela, que también la educación artística necesita un cambio profundo, más abierto y sin tantos formalismos.

HAY MUCHOS MÁS COMO YO. ¿POR QUÉ ME VA A FUNCIONAR A MÍ?

Es verdad que hay muchos joyeros, carpinteros, escultores, zapateros e ilustradores, pero no es menos verdad que cada uno de nosotros es

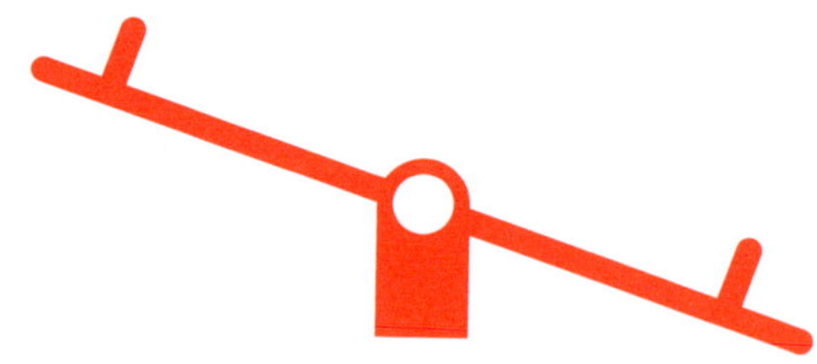

diferente del resto, aunque todos compartamos la misma técnica y herramientas de trabajo. Por el simple hecho de ser individuos, cada uno tiene una personalidad propia y única. Y en la misma medida, los clientes también son diversos y con gustos y preferencias propios. Por eso estoy convencida de que hay lugar para todos y de que no debemos temer a la competencia, que siempre constituye un reto en el mejor sentido de la palabra. Que seamos muchos es enriquecedor para nosotros y para la sociedad en general, porque le aportamos algo de lo que siempre va escasa: cultura. La ayuda y soporte entre profesionales nos hace más fuertes a todos y nos proporciona más visibilidad. En este sentido, y como dice Maria Rapetskaya, directora creativa y fundadora de Undefined Creative, "aunque cueste reconocerlo, tu carrera o tu negocio es menos único de lo que parece, lo que no significa que tú o tu empresa no seáis especiales: significa que no estás solo, y esto son buenas noticias porque puedes aprender de las experiencias y errores de otros. No olvides cuánto puede ayudar también que compartas los tuyos".

A nivel técnico puedes llegar a ser igual que tu competencia o, incluso teniendo menos destreza manual, pueden irte igualmente muy bien las cosas. El éxito de un negocio no radica solo en la técnica, como muchos creen. ¿Por qué, si no, hay tanta gente con muchísimo talento que no consigue vivir de él? Seguro que conoces algunos ejemplos.

Quizás tengas clara esta cuestión, pero creas que tu fuerte está en tu capacidad creativa y que eso no se puede copiar. Tienes parte de razón; pero déjame que añada un matiz: tener muchas ideas no implica que sean originales.

Cada generación comparte datos e influencias, más ahora que recibimos el bombardeo cultural e informativo de la globalización e internet. Nos enseñan las mismas cosas en la escuela, vemos las mismas películas y series, llevamos la misma ropa. No es de extrañar que a veces tengamos una idea y descubramos que no somos los únicos; por eso mismo definir qué es un plagio es en muchos casos muy difícil de valorar.

Lo que te hace realmente diferente a los demás es tu personalidad y tus vivencias: dónde te has criado y con quién, en qué zona, cómo fue tu adolescencia, aquella anécdota de verano tan dulce, aquel momento tan doloroso, tu primer beso... Exactamente esto combinado con tu técnica y tu creatividad es ¡tu fuerza! Si lo plasmas en tu trabajo, en tus colecciones, en tus diseños, es lo que te hará único respecto a los demás.

Lo que te hace único, y, en consecuencia, hace únicas tus piezas, son tus vivencias personales.

Este sí es el valor diferencial que, junto con tus conocimientos de empresa, te ayudará a llegar a donde tú quieras. ¡Por eso es vital que te conozcas a ti mismo, además de cada una de las partes de un negocio!

EL *BUSINESS PLAN*, O EL DIBUJO DE TU NEGOCIO

Para llegar a un objetivo se necesita un mapa o un plan que te indique el camino. Tanto si tu objetivo es la isla del tesoro como hacer lo que te apasiona y tener la vida que deseas. ¿Por qué habría de ser diferente en este caso? Necesitas una guía de viaje fiable, y que sea lo más detallada posible para que tus opciones de éxito se multipliquen; un plan general que vaya de lo grande, recogiendo la esencia de tu negocio y estableciendo objetivos anuales, a lo pequeño, detallando las estrategias prácticas que debes aplicar para alcanzarlos y especificando incluso, de manera muy pormenorizada, tus tareas diarias.

Y como los creadores solemos recordar mejor los contenidos visuales —como casi todo el mundo, en realidad—, quiero recomendarte dos herramientas que me han ayudado mucho a la hora de trazar planes. En el *Business Model Canvas*, creado por Alexander Osterwalder, obtendrás la versión resumida de tu plan general de negocios. El resultado, bien desarrollado y presentado, unido a tu plan financiero, te será útil si tienes que presentar tu proyecto para buscar financiación o ayudas. Si necesitas complementarlo, será la base para empezar. Aunque te sorprenda, podrás plasmar tu modelo de negocio en una hoja de papel de una manera muy gráfica, útil y dinámica, que te permitirá obtener una imagen completa de tu empresa de un solo vistazo y aplicarle modificaciones fácilmente cuando sea necesario, según el resultado de los chequeos y las evaluaciones que te recomiendo realizar en el capítulo 7.

Con el *Manual Thinking*, creado por el diseñador de producto Luki Huber, podrás organizar tus ideas, ponerlas en orden en tu planificación, subdividirlas, marcar prioridades... Te ayudará a pensar y te resultará muy útil para desarrollar ambos planes (plan general de negocio y plan financiero). También es materialmente muy práctico, puesto que permite obtener un mapa plegable, acompañado de etiquetas adhesivas removibles de diferentes tamaños.

"Hemos creado un ecosistema que nos permite tener el nivel de calidad que queremos."
ESPADAYSANTACRUZ STUDIO

▶ Tres avisos a navegantes

1. Primero planea y después actúa. No pongas nada en marcha antes de acabar de planificar por la ilusión que te hace comenzar y porque esta parte te resulte demasiado aburrida; créeme: si lo haces, te arrepentirás. Como les digo a mis alumnos cuando aprenden una nueva técnica, siempre hay una parte del aprendizaje que se realiza como un acto de fe: tienes que confiar y saber esperar.

2. No vayas al otro extremo por el miedo que te da empezar, y sobreplanees. A veces nos paraliza el miedo a no conseguirlo, pero también el hecho mismo de que se haga realidad lo que deseamos. ¿Y qué pasará después? ¿Estaré a la altura de las circunstancias? ¿Podré mantenerlo?

Solo existe una manera de saberlo: empezar cuando estés listo y avanzar día a día, haciendo las evaluaciones y reajustes necesarios para ello. No hay fórmulas mágicas.

3. El papel todo lo aguanta. Se pueden hacer previsiones, pero nadie, ni el más experto, te puede garantizar que lo que está sobre el papel vaya a materializarse al cien por cien.

"Suerte es lo que pasa cuando la preparación se encuentra con la oportunidad."
SÉNECA

No se me ocurre mejor definición de lo que es un plan de negocio que la que hace Renata Moitinho, mi asesora financiera, cuyos conocimientos fundamentales compartiré contigo en el próximo capítulo:

"Hacer un plan de negocio o plan de empresa es fundamental para un emprendedor. Te ayudará a definir y mantener una estrategia y a determinar objetivos específicos y medibles. También te ayudará a priorizar las acciones a llevar a cabo, a corregir las desviaciones con antelación, a gestionar mucho mejor tus recursos financieros, y, entre otras cosas, a determinar la viabilidad de tu idea. Una información esencial a la hora de pedir financiación pública o privada".

Como quizás esto te parezca muy teórico, te pondré un ejemplo práctico. Imagina que estamos en el mes de enero y que uno de los grandes objetivos de este año es estar presente en la feria de Navidad más importante de tu país. Sabes que es un gran escaparate para tu negocio, porque su poder de convocatoria es muy grande y porque llega a muchos medios de comunicación que cubren el evento presentando a sus participantes. Que te seleccionen para ello ya es de por sí un sello de calidad, y te consta que a otros *makers* les ha aportado no solo ventas, sino nuevas y buenas oportunidades de negocio.

Tienes dos objetivos, pues: que te seleccionen y participar. ¡Y mucho trabajo por delante!

¿Cómo se traduce todo ello en una planificación?

- **Objetivo general:** tener estand en la feria.
- **Razón:** promoción entre tiendas y clientes directos, nuevas opciones de negocio, ventas.
- **Fechas:** selección en septiembre y feria en diciembre.
- **Tareas:** algunas serán específicas para la selección y otras para el evento. Las segundas dependen de que te elijan, pero deben estar preparadas para permitirte cumplir plazos, requisitos y expectativas en caso de que así sea.

Conocer los requisitos de la feria; investigar cómo les fueron las ventas a anteriores participantes; diseñar una colección con diferente rango de precios, que encaje con la producción de tu taller o contratar personal extra puntual; diseñar una campaña de comunicación para anunciar que asistirás al evento; diseñar papelería específica; verificar que tienes suficiente *packaging* y tarjetas, o mandar a imprimir a tiempo; encargar bolsas...

- **Minitareas:** contando para atrás desde el hito principal, cada semana tendrás actividades más concretas por realizar, que te acercarán a tu objetivo: escribir un email, hacer una llamada, crear un diseño, supervisar unas pruebas... Algunas de estas las podrás prever con antelación, y otras las irás encajando sobre la marcha.
- **Chequeo:** ¿avanzo según lo planeado? ¿Ha surgido algún imprevisto que haya cambiado mis tiempos? ¿Debo incorporar o quitar algo para llegar igualmente a mi objetivo final?

"Siempre parece imposible hasta que está hecho."
NELSON MANDELA

El mero hecho de escribirlo ya hace que sea más real y factible. Cuando pones tus metas negro sobre blanco ya tienes un 33 % más de posibilidades de conseguirlas. ¿Recuerdas la fábula de la liebre y la tortuga? El éxito casi nunca es una cuestión de talento o derroche de energía; la clave está en la templanza, la disciplina, la constancia, en el pensamiento creativo y en la adaptación.

¿PRODUCTO O SERVICIO? EXPERIENCIAS

Pero ¿qué es lo que estás vendiendo o vas a vender realmente? Déjame que te ponga un ejemplo para ayudarte a responder a esta pregunta trascendental.

Juan quiere comprarse una bici nueva porque la suya tiene muchos años y, ahora que ya no tiene la utilidad que le daba antes, el rendimiento que le saca no compensa los dolores de espalda que le causa.

Entra en una tienda de bicis artesanas y se enamora de una que hay colgada en la pared. El artesano Jerónimo lo saluda y le pregunta en qué le puede ayudar. Juan le dice lo que está buscando y hablan sobre lo bella que es la bici de la pared.

Jerónimo enseguida se da cuenta de que ese modelo en concreto no encaja con sus necesidades y empieza a hacerle otras preguntas: ¿cuándo utilizas la bici? ¿Lo haces por ocio, como medio de transporte o por competición? ¿Vas por carretera o por caminos? ¿Cuánto mides? ¿Cuánto pesas?

Después de tomar nota de cada respuesta coge su cinta métrica y le mide las piernas para apuntar este último dato.

Entonces, Jerónimo le comenta a Juan que le podría hacer una bici a medida: "Adaptaría el diseño a tu fisionomía y, según el uso que me dices que le vas a dar, estudiaré la geometría del cuadro más apropiada para dar carácter y maniobrabilidad a tu bicicleta. —Y para acabar añade—: En el taller tengo un modelo muy similar a las características que te encajarían. Si quieres te lo dejo unas horas y me dices qué te parece".

Esa misma tarde, Juan aparece en la tienda-taller y le dice a Jerónimo que quiere encargar su propia bici, que para él es su medio de transporte y le parece una buena inversión.

¿Qué te ha parecido esta escena? ¿Sabrías decir qué compró Jerónimo ese día? Se compró una bicicleta, que es un producto, claro está, pero ¿qué más compró? ¿Un servicio especializado, tal vez? ¿Y quizás también una agradable y memorable experiencia y vivencia?

¿Crees que cuando Juan pedalee sin esfuerzo y sin resentirse de su espalda le dolerá haber pagado el precio de su bicicleta? ¿Compartirá su hallazgo con sus amigos? Quizás no haga falta porque se lo verán en la cara.

Los negocios hechos a mano construyen relaciones a largo plazo, entre las personas implicadas y entre el cliente y el producto. Una relación donde el *maker* pregunta, escucha y observa, y el cliente siente que le escuchan y que atienden sus necesidades y deseos.

LOS NEGOCIOS HECHOS A MANO CONSTRUYEN RELACIONES A LARGO PLAZO ENTRE LAS PERSONAS IMPLICADAS.

Sobre todo en las creaciones hechas a medida se establece un vínculo muy fuerte entre estos tres elementos. El cliente se siente involucrado en el proyecto, porque el producto final va a ser como él quiere. Se enamora del proceso creativo, y tanto esta sensación como el resultado material de la misma le van a acompañar durante mucho tiempo, quizás por generaciones si el objeto pasa de mano en mano a otros miembros de su familia. De modo que lo que tú hagas con tus manos hará sentirse creativa hasta a la persona que menos suela sentirse así, y esa es una sensación inigualable.

Te estarás preguntando, con razón: pero si solo hago encargos, ¿dónde quedan mis creaciones personales? De hecho, puede que tu modelo de negocio no contemple hacer productos a medida o personalizados, aunque es algo que deberías valorar seriamente, sobre todo porque es compatible con otros objetivos. Quizás a simple vista te parezcan que no es así; pero, si recapacitas, verás que, cuando creas tu propia obra, siempre lo estás haciendo pensando en alguien en concreto, sea en ti mismo o en alguien cercano. Y eso ya supone partir de unos condicionantes, que son tus gustos y preferencias, y que debes hacer encajar con las características de lo que estás construyendo en ese momento, ya sea una taza o unos zapatos, por poner dos ejemplos. Cuando piensas en otra persona para inspirarte realizas el mismo proceso: ¿qué colores le gustarán? ¿Qué formas? ¿Cuándo se lo pondrá?... No hay diferencia respecto a estar pensando en ti mismo.

El resultado de aplicar estos condicionantes a la creación de tus productos puede causar un gran impacto en tus futuros clientes y hacer que, cuando vean tus piezas, les resuene algo dentro con lo que se sentirán identificados. Si tal cosa sucede, ese es ni más ni menos tu cliente ideal.

Si descartas aceptar encargos, también puedes hacer participar a tus clientes del proceso creativo a través del *feedback* que establezcas compartiendo a través de tu blog o redes sociales la evolución de tus proyectos; algo muy enriquecedor en todos los sentidos, puesto que tus seguidores disfrutarán de tu trabajo antes y después de comprar una de tus piezas, y tú aprenderás cosas nuevas de su punto de vista.

Sobre este tema en concreto hablaré con más detalle en el capítulo 5.

CREAR ES EMOCIONANTE PARA EL *MAKER* Y EL ARTESANO, PERO IGUALMENTE LO ES PARA EL CLIENTE QUE DISFRUTA DE ESA CREACIÓN Y DE LO QUE LA ENVUELVE.

Esto que te describo no solo se aplica a los productos de alta gama o de lujo, puesto que el valor del que te hablo, que está en todo tipo de productos hechos a mano, no tiene que ver con el precio. Un anillo, por simple que este sea, puede tener un valor incalculable para la persona que lo regala o que lo compra. Es un símbolo, un recuerdo, una promesa, una amistad, un amor, un premio a ti mismo o una celebración. No es solo un producto. Tú no vendes productos en ninguno de los casos.

Y si tu negocio se va a basar en servicios, como formación o talleres, piensa en ellos desde esta misma perspectiva. Un taller, por ejemplo, además de ser un intercambio de información entre tú y tus alumnos, supone un momento de relajación, de complicidad, de risas, de nuevas amistades basadas en una pasión común; la ocasión de enseñar una técnica que después podrán aplicar a proyectos muy personales; la posibilidad de regalar cosas únicas que han hecho con sus manos y con las que emocionar a sus seres queridos...

Cuando decidas con cuál de ellos empezar, si producto o servicio, o si ambos, no te obsesiones. Lo importante es ir tomando decisiones, ponerlas a prueba y, si no funcionan, ser flexible y adaptarse. Te pondré algunos ejemplos que conozco de cerca de *makers* que así lo han hecho:

- Neus Iserte, el alma de la marca Crea, Decora y Recicla, empezó su negocio dando a conocer en España el *washi tape* y, cuando cumplió su cometido, se reinventó descubriendo y haciendo disfrutar al público de la pintura *chalk paint.*
- Arianna Russo, ceramista, bajo su marca Blowawish, pasó a fabricar piezas utilitarias además de sus propias creaciones, aunque en sus inicios solo quería hacer piezas artísticas.
- Txell Llagresa, creadora textil, empezó haciendo bolsos y complementos y triunfó con unos zapatitos para bebé increíbles.

En los tres casos, el cliente fue el que determinó su producto, y ellas, sin perder su esencia y su personalidad, se adaptaron a él. Esta es la actitud que conviene tener; si no, corres el serio riesgo de amargarte y acabar quemado.

Por más que se diga, no es más verdad que el cliente siempre tiene la razón. En todo caso, hay clientes que encajan contigo y, a la inversa, otros que no; se trata de encontrar a los primeros. En el término medio se encuentra combinar aquello que tiene más demanda y que también nos gusta hacer con el desarrollo de colecciones propias y personales, que te llenen más, aunque sean más difíciles de vender porque gustan a una minoría o porque todavía no les ha llegado su gran momento.

Si no encuentras la fórmula que te funcione, un día te darás cuenta de que hacer algo que no te gusta nada durante largo tiempo no es el motivo por el que decidiste emprender.

En cualquier caso, la recomendación general es empezar siempre en pequeño. Recuerda que no puedes gustar a todo el mundo ni tienes por qué. Y que querer tener una gran oferta para llegar a más gente solo te llevará a frustrarte, porque inevitablemente no tendrás ni tiempo ni energía para ocuparte de todo, y encima el público tampoco sabrá identificarte con una especialidad en concreto, algo que va en contra de tu imagen de marca, de la que te hablaré en el capítulo 3.

Recuerda: menos es más.

TU CLIENTE IDEAL, NO UN CLIENTE DE ENSUEÑO

En el capítulo 1 te decía que, antes de lanzarte a crear un negocio hecho a mano, testearas tu idea para saber si realmente te gusta lo que supone desarrollarla, pero también para averiguar si tiene aceptación; es decir, si hay gente interesada en lo que puedes ofrecer y que a su vez pueda convertirse en cliente, que no es la misma cosa. Pero ¿cómo encontrar a estas personas?

Para empezar, es recomendable que hagas un retrato lo más detallado posible de la persona potencialmente interesada en tu trabajo:

- ¿Es hombre o mujer?
- ¿Qué edad tiene?
- ¿A qué se dedica?
- ¿Qué les gustaría ser o tener?
- ¿Cuál es su poder adquisitivo?
- ¿Soltero o con pareja?
- ¿Tiene hijos?
- ¿Dónde vive? ¿En una ciudad grande o pequeña?
- ¿Cómo es su vivienda? ¿Qué lo rodea en su hogar y forma parte de su día a día?
- ¿Dónde se va de fin de semana? ¿Y de vacaciones?
- ¿Cómo se divierte? ¿Qué actividades de ocio practica?
- ¿Por qué compra? ¿Es siempre para consumo propio o le gusta hacer regalos y compartir?
- ¿Cuándo compra? ¿Suele hacerlo en momentos especiales del año?
- ¿Dónde compra? ¿En centros comerciales o en pequeñas tiendas?
- ¿Online o presencialmente? ¿Qué tipo de productos?
- ¿Qué siente cuando adquiere un producto o servicio? ¿Le importa la atención que le dan?
- ¿Cómo se mantiene informado?
- ¿En qué basa sus decisiones de compra? ¿Busca recomendaciones?
- ¿De quién? ¿Se informa antes de hacerlo?
- ¿Qué revistas, periódicos o medios online lee? ¿Guarda recortes o imágenes de objetos para el día que puedan comprarlos?...

Como verás claramente en el siguiente capítulo, tu producto no puede ser barato para que tu negocio sea rentable; debe tener su precio justo, por lo que ya de entrada quedan descartados de tu lista de clientes ideales un gran número de personas. Lo importante es encontrar una potente minoría que realmente valore tu trabajo y pueda pagarlo, y alejarte de aquellos que te drenan y te quitan las ganas de seguir adelante cuando te encuentran en una feria y no dejan de regatear, logrando que te justifiques por algo cuando no tienes por qué.

Por el bien de tu negocio, tienes que encontrar y conectar lo antes posible con aquellos clientes que se emocionen con tu trabajo igual que lo haces tú.

Cuanto mejor los hayas podido identificar, más fácil será saber dónde encontrarlos —de manera directa o a través de intermediarios— y hallar la forma adecuada de que conecten contigo y con tu marca (mensaje, colores, gráficos, imágenes...), que repasaremos con detalle en el capítulo 4. Es sin duda la mejor manera de no perder tiempo y dinero, ya que este conocimiento condiciona decisiones cruciales en cada una de las áreas de tu negocio. Es tu punto de partida, y acertar es una condición *sine qua non* para triunfar.

En este sentido, internet ha ayudado mucho a acercar a las personas que comparten inquietudes y que tienen mucho en común. Todavía recuerdo muy bien cuando me sentía un bicho raro, porque a los 18 años me gustaba quedarme en casa haciendo ganchillo. Por suerte descubrí que hay miles de personas como yo, aunque no en mi ciudad, sí en el mundo.

FUENTES DE INGRESOS

Además de tus productos y servicios de venta directa existen otras maneras de generar ingresos, como las siguientes:

- **Venta a través de intermediarios.** Es la opción más parecida a la venta directa y la más habitual. Dejas tus productos en depósito o los vendes a otras tiendas, y estas se quedan una parte de los beneficios de la venta. En este sentido, en el siguiente capítulo te hablaré de los márgenes que debes tener en cuenta a la hora de marcar tus precios.

  En cuanto a los servicios, puedes comercializarlos a través de otros medios, como serían páginas web, a cambio de un porcentaje de las ventas. A este sistema se le llama por *afiliación*.

- **Cuota por uso.** Por ejemplo, si tienes un taller, puedes cobrar por su uso las horas en que tú no lo necesites, o compartirlo. A ti te ayudará económicamente y a la vez resultará enriquecedor. Elige bien entre los interesados; el problema del ruido según la profesión del nuevo compañero puede ser un inconveniente insalvable.

  Este formato comercial también sería aplicable si tienes un canal de cursos online, por ejemplo, o por la inscripción a uno de tus *webinars* (formación o charla online en directo).

- **Cuota de suscripción.** Una opción similar a la anterior, pero el pago es por tener un acceso continuo al servicio.
- **Alquiler de material.** ¿Tienes maquinaria que solo utilizas puntualmente? ¿Por qué no alquilarla a compañeros de profesión o aficionados?
- **Licencia o *royalties*.** Recibes una tarifa o un porcentaje sobre las ventas por ceder la propiedad intelectual de tus diseños en parte o íntegramente.
- **Colaboraciones en revistas y blogs o escribir un libro.** Aportar contenidos (tutoriales, reportajes...) por encargo o por iniciativa propia también te puede aportar ingresos, además de servirte de promoción.

También hay otras fuentes, los llamados "ingresos pasivos".

En el capítulo 1 te mencionaba que existen maneras de generar ingresos sin que tu trabajo como creador pierda su esencia. Me refería a los ingresos pasivos, o infoproductos. Se trata de productos de muestra de tu trabajo, con una doble función: servir de autopromoción, y generar ingresos.

Estos son algunos de los productos que puedes crear y vender:
- **Ebooks.** Similar a los libros, pero en formato online. En este caso tienes dos opciones, una de ellas con mucho éxito. La primera es hacer la versión digital del mismo libro que has publicado en papel o hacer un ebook desde cero, y la segunda es hacer minilibros o PDF para ser leídos en tabletas donde compartes monográficos.

Este último formato funciona muy bien, porque la mayoría de las veces no nos gustan todos los tutoriales o patrones de un libro, y, en cambio, de esta manera el cliente puede elegir los que realmente le gustan.
- **Vídeos.** Talleres online donde aparezcas de cuerpo entero —muy recomendable para que te conozcan más y generes más empatía— o tutoriales donde solo aparezcan las manos; en este caso puedes delegar el trabajo si se ve claramente la marca de la casa en el diseño.

Aunque requieran una inversión inicial de tiempo y dinero —en mayor o menor medida según el caso—, no será a fondo perdido. Podrás venderlos para que te brinden ingresos adicionales a los obtenidos con la venta de tus creaciones.

Su canal de venta es online, por lo que no es necesario destinarles recursos humanos, sino solo un control periódico que puedes monitorizar desde cualquier lugar.

Según sus características, los infoproductos pueden tener una larga vida útil. Este dato determinará en cuánto tiempo amortizarás la inversión inicial y a qué precio podrás venderlos.

Los productos de muestra son también una buena manera de dar a conocer tu trabajo y de demostrar tus conocimientos y experiencia. También son un medio para llegar a públicos que no pueden permitirse pagar tus productos o servicios, un camino para acercarse hasta el momento en que puedan hacerlo.

En el mundo del marketing y las ventas, este sistema se llama *embudo de ventas*, y consiste en desarrollar un catálogo de productos y/o servicios con una gama amplia de precios, desde la más baja hasta la *premium* o más exclusiva.

SIEMPRE TRABAJAS EN EQUIPO

Aunque empieces solo, la verdad es que tu trabajo nunca será resultado únicamente de ti mismo. Dependerás de otras muchas personas que materializarán tus proyectos. Tú has creado tu puesto de trabajo, pero desde el minuto uno también ayudarás a que existan otros. Siempre trabajamos en equipo, da igual en qué grado y de qué forma: con proveedores (materiales, impresión, alojamiento web…), transportistas, intermediarios (dueños de tiendas, organizadores de ferias…), etc.

Tu equipo directo pueden ser tus socios, con los que inicies la actividad o a los que te unas más adelante, u otros profesionales *freelancers*, que colaborarán contigo de manera externa o por contratación exclusiva. Ellos te ayudarán con algunas tareas de tu negocio, pero hay muchísimas que, al principio, si no dispones de presupuesto, deberás realizar tú solo. Luego, cuando las cosas empiecen a ir bien, podrás subcontratar o contratar a otras personas para que te ayuden con tus tareas y con otras que no dominas. ¡Siempre buscando a los mejores y a quienes encajen con tu empresa!

"Si quieres ir rápido, ve solo.
Si quieres ir lejos, hazlo con otros."
PROVERBIO AFRICANO

Es muy habitual que llegue un momento en tu negocio en que hayas crecido lo suficiente como para necesitar ayuda, pero no tengas aún los fondos necesarios para contratar a personal interno. En ese momento te resultará muy útil que contrates la ayuda que necesitas (por ejemplo, un asistente virtual o un diseñador) en forma de servicios externos, bien por horas en momentos especiales o por picos de trabajo. Si existe la opción, estos mismos profesionales con los que ya habrás establecido una buena relación podrían acabar formando parte de tu empresa en el momento en que ya puedas asumir la inversión de una contratación de plantilla.

Para evitar malos entendidos y facilitar el trabajo y el buen ambiente, es importante que sepas definir qué esperas de la otra persona y qué necesitas que haga. Será más fácil para ti y para ellos. No son adivinos, y muchos malos entendidos se deben a la falta de explicitud. Así que nada de "Se suponía que…" o "Me esperaba que…". Delegar es algo que puede llegar a costar muchísimo y a veces no encuentras a la persona que encaje contigo y con tu negocio a la primera. Para evitar que sientas que te roban el tiempo y que nadie lo puede hacer mejor que tú, es muy recomendable que pongas por escrito cómo quieres que se hagan las cosas, el papel y funciones de cada uno. Es una manera de sistematizar tu empresa y de que, poco a poco, sea menos necesaria tu presencia en todas las áreas del negocio. Tú ganarás más tiempo y tranquilidad y te podrás dedicar a desarrollar tus tareas en el taller, que es realmente tu punto fuerte.

Y, además, estos documentos escritos te serán muy útiles para realizar los chequeos y evaluaciones que te recomiendo en el último capítulo.

Recuerda, desde el inicio, tu éxito o fracaso es trabajo en equipo. Sé paciente, tú también tardaste un tiempo en aprender las cosas. Y sé abierto y flexible y valora todas las aportaciones de cada una de las personas que trabajan contigo, desde la asistenta hasta tu abogado: todas. ¡No sabes la suerte que es poder ver tu negocio a través de una persona que acaba de llegar! Y, por último, no caigas en la crítica constante y reconoce sus éxitos. Si tienes esta actitud crecerás tú, crecerán ellos y se sentirán parte de la empresa e implicados en su prosperidad. La unión hace la fuerza.

Cuando empezaste tu aventura empresarial quizás pensaste que por fin podrías ser tu propio jefe y no que tendrías que convertirte en jefe. Ninguna de las dos cosas es fácil. La primera, porque la libertad que esperabas no es tan grande como habías imaginado, y la segunda, porque es una responsabilidad difícil de asumir y la mayoría no estamos preparados para ello.

Aprenderás por el camino y también puedes formarte para ello, pero como punto de partida me gustaría recordarte una frase que escuché de Joan Melé: "Hemos olvidado que autoridad no tiene que ver con mando: viene de autor". Así que ¡comparte autoría y crea con ellos!

Con todo, no debes olvidar algo muy importante: aunque consigas reunir el mejor equipo y tengas toda la ayuda y apoyo del mundo, a la hora de tomar decisiones siempre estás solo, otro de los contras de ser el dueño de un negocio. No cometas el error de pedirles a las personas que trabajan para ti más responsabilidad de la que están obligadas a asumir, para después mostrarte molesto si se exceden.

ORGANIZA TU TRABAJO, TU ENERGÍA Y TU VIDA

Después de hablar de tu trabajo en equipo, hablemos de ti.

Cada etapa empresarial tiene sus preocupaciones. Al principio, la prioridad es conseguir facturar suficiente dinero para llegar a final de mes. Luego, cuando la empresa ya ha adquirido una buena dinámica, el objetivo principal es recuperar tu tiempo personal, y finalmente, lo que querrás sobre todo es optimizar e innovar para seguir en la brecha.

Lograr que tu negocio llegue a "cuidar de sí mismo" y a la vez tener una vida plena fuera de él es a menudo más difícil que conseguir aquello para lo que se supone que se crea una empresa: hacer dinero. En el capítulo 7 te hablaré de esta dificultad.

Pero vayamos a la prevención y no adelantemos acontecimientos que no tienen por qué pasar. Primero, enumeremos las prioridades que deben figurar en rojo en tu lista de obligaciones y en tu agenda, aunque de entrada no te parezcan tan importantes. Solo confío en que las grabes en tu mente, de modo que, cuando notes que desatenderlas te está afectando, te suenen las alarmas y tomes medidas correctivas a tiempo:

- Tiempo libre para ti.
- Tiempo para disfrutar de la familia y los amigos.
- Alimentarte bien y de manera saludable.
- Descansar y dormir.
- Hacer ejercicio (mínimo, caminar).

HASTA LAS COSAS BUENAS, EN EXCESO, RESULTAN MALAS.

"Tu mente responderá muchas preguntas si aprendes a relajarte y esperar la respuesta."

WILLIAM S. BURROUGHS

Cuando un trabajo te gusta, aunque te sorprenda, puede crear adicción. La adrenalina que sentirás los primeros meses por la felicidad de estar haciendo lo que te gusta a pesar de todas las dificultades que te encuentres, te hará sentir como si tuvieras superpoderes. Siento decirte con todo el dolor de mi corazón que no es así; aunque, al principio, tener esta ilusión —nunca mejor dicho— puede resultar realmente útil. La persona que más me ha enseñado en marketing, Laura Ribas, especialista en esta área y en ventas, ve así las dos caras de la moneda de este momento: "A veces, si hubieras sabido exactamente el sacrificio y el trabajo que supondría conseguir tu meta, no lo habrías hecho".

Dar el primer paso cuesta muchísimo, pero ten cuidado con los siguientes. Aprovecha y disfruta esa primera carga de energía, pero después busca recuperar el ritmo natural de tu cuerpo y de tu vida.

Cuando estamos cansados no pensamos con claridad, somos menos productivos, estamos más irascibles, perdemos la objetividad y la perspectiva y vemos los problemas más grandes de lo que son. Esto que parece obvio y que nos afecta a todos en general, tanto en nuestra vida personal como profesional, en el caso del emprendedor tiene vital importancia, porque puede hacerte tomar decisiones erróneas, que generarán grandes pérdidas y pueden llevarte incluso al cierre. A veces, sobre todo en los casos de proyectos unipersonales, el volumen de trabajo es tal que se hace difícil mantener la cabeza fría y prestar atención a esta lista de prioridades.

―

"No es suficiente estar ocupado; nos debemos preguntar: ¿en qué estamos ocupados?"
HENRY DAVID THOREAU

―

Seguro que has escuchado alguna vez, incluso hasta el hartazgo, conceptos como *gestión del tiempo, herramientas para ser más eficiente en el trabajo* u *optimización del tiempo*. Pero ¿qué razón hay para utilizar estas herramientas? Conseguir productividad, rentabilidad, sí, pero nada de eso suena muy motivador, ¿no te parece? Suena a algo de lo que te puedes acabar cansando porque, aunque lo necesitas para vivir, para ti no es lo más importante. Pero ¿qué opinarías si te digo que utilizarlas para organizar tus horarios y tus tareas revertirá en más energía para realizar tu trabajo —y obtener beneficios de él— y en una mejora de tu vida personal y tu experiencia laboral? Y si tienes energía y estás feliz, ¡puedes con todo!

Hélène Schmit, especialista en organización del trabajo —a la que agradezco enormemente haber roto mis esquemas racionales de trabajar siguiendo pautas de orden y eficacia—, afirma:

"Si no adaptas tu manera de trabajar a tu personalidad, si tu trabajo no te sirve para acabar teniendo más energía y disfrutar más, nunca formará parte de ti y te supondrá un esfuerzo diario que no podrás mantener durante mucho tiempo. Tener unos horarios y rutinas debe acabar convirtiéndose en hábito, y no en una obligación que más temprano que tarde acabarás queriendo abandonar. Esto es extensible a tu vida en general o si trabajas por cuenta ajena, pero encuentro que tiene un peso determinante cuando trabajas para ti".

Veamos cuál es la base para un control del tiempo eficiente y sostenible y coherente contigo mismo, según Hélène Schmit:

- **Ritmos biológicos y circadianos:** ¿Cuándo tienes más energía, en qué momento del día te sientes más despierto, eres más creativo? Si no tuvieras que cumplir un horario, ¿a qué hora te levantarías de manera natural? ¿A qué hora comerías? ¿Cuántas horas del día puedes trabajar de manera realmente productiva? ¿Cuándo tendrías momentos de ocio?

  Aunque parezca mentira, no respetar estos horarios propios de cada uno es lo que nos lleva más fácilmente a la tan temida procastinación: dejar para más tarde aquello que sabemos que tenemos que hacer, a nivel profesional y también personal.

  Yo, por ejemplo, empiezo a despertarme a media tarde y a veces en plena madrugada después de haber pasado la hora crítica de las 12 soy capaz de trabajar más y mejor que durante todo el día. Por desgracia, siento decirte que, si este también es tu caso, gestionar nuestro tiempo resulta más difícil y requiere más esfuerzo, aunque se puede conseguir. Como dice Hélène, podemos intentar adaptar un poco nuestra naturaleza si nos acostamos temprano y cenamos algo ligero y saludable, practicamos meditación o ejercicio matutino y tomamos un desayuno energizante. Yo lo estoy intentando, pero tengo que reconocer que todavía estoy un poco lejos de conseguirlo.

- **Autoconocimiento:** Si sabes cuáles son tus puntos fuertes y tus debilidades, sabrás qué tareas te cuestan más y cuáles puedes hacer sin mucho esfuerzo y dedicándoles poco tiempo. En función de ello, podrás distribuir tus horarios o buscar ayuda en cuanto puedas permitírtelo. Es mejor focalizarse en las fortalezas que perder un tiempo valioso en intentar corregir tus flaquezas. Las actividades que te gustan te cargan de energía, y las que te cuestan te drenan. Idealmente, las primeras deberían ocupar un 80 % de tu vida laboral.

- **Conocimiento de tu equipo:** Muy relacionado con el punto anterior. Si tú te conoces muy bien y lo mismo pasa con la gente que trabaja contigo, puedes hacer que el trabajo fluya mejor, lo que repercutirá positivamente en ellos, en ti y en tu negocio. Favorece que sea así: procura conocerlos, pero también que ellos sepan descubrirse a sí mismos. No hay buenos o malos perfiles de personas; solo deben encajar en el objetivo que se persiga.

- **Tu ambiente de trabajo:** Si compartes espacio, la gente que tienes alrededor, el ruido o el silencio ambiental, la amplitud o estrechez del local, la iluminación... Según sea tu personalidad, estas características te afectarán positiva o negativamente.

Según Hélène y otros especialistas en el tema que he consultado, lo ideal es hacer las tareas más pesadas nada más empezar la jornada, para olvidarlas lo antes posible y dejar espacio mental y energía para ocuparte del resto. Las tareas acabadas además generan endorfinas, a modo de premio. Si las dejas pendientes, tu cerebro no te dejará trabajar con toda tu concentración en lo que te interesa, porque irá enviándote recordatorios de que no has hecho lo que deberías.

"La mejor manera de acabar una tarea es empezarla en el momento adecuado."

HÉLÈNE SCHMIT

Pensarás que esto es muy bonito sobre el papel, pero que no se puede aplicar a la realidad. La verdad es que esto es así en los negocios de cara al público, pero en el resto es mucho más posible de lo que imaginamos; para hacerlo, basta con planteárnoslo seriamente. Se trata de reeducarnos y educar a nuestros clientes, por ejemplo, cambiando la hora de recogida de productos en nuestro taller o pasando a contestar los correos electrónicos solo por las mañanas, ciertos días de la semana.

▶ ¿Trabajar desde casa, local compartido o espacio propio?

La verdad es que este suele ser el orden habitual, desde que una idea pasa de ser un proyecto a un negocio, aunque conozco muchos ejemplos de pequeñas empresas que dedican parte de su domicilio particular a esta finalidad, de una manera muy satisfactoria.

Decidir dónde ubicar tu negocio depende principalmente de la actividad a la que te dediques. No es lo mismo trabajar de ilustrador, creando complementos o pequeños objetos, que ser ceramista o vidriero, dos oficios artísticos que pueden necesitar talleres especiales y equipos como grandes hornos para su producción.

Pero, aparte de la actividad y del presupuesto, esta decisión también tiene mucho que ver con la personalidad de cada uno.

Yo, por ejemplo, después de tener mi estudio en mi propio piso durante unos años, estoy segura de que habría acabado dejando mi negocio si no hubiera empezado a salir de casa para ir a trabajar fuera, en un estudio compartido.

Sea como sea, todo tiene, una vez más, sus pros y sus contras.

Trabajar desde casa, sobre todo al principio, te permite ahorrar costes y poder aplicar precios más bajos a tus productos, pero a la vez hace que pases muchas horas solo. Tu entorno, además, no acaba de asumir que estás trabajando, y sus interrupciones pueden ser más de las deseadas. Este modelo también puede resultar una falsa trampa para las madres que quieren compaginar su trabajo con el cuidado de sus hijos, puesto que puede pasar que no acabes haciendo bien ni una cosa ni la otra, con el cargo de conciencia que ello conlleva.

Intenta tener un espacio, aunque sea pequeño, solo destinado a tu trabajo, donde tengas sitio para crear, preparar pedidos, realizar las tareas administrativas y, si puede ser, las fotos de tu producto. Si esto último no es posible, piensa dónde montar un estudio básico de fotografía fijo o de fácil instalación para esta parte tan vital de tu negocio.

Si quieres o tienes que elegir esta opción, por favor, no dejes de hacer tus deberes en cuanto a planificación y precios. Esta situación debería ser transitoria, a no ser que realmente tengas un estudio formal en tu casa, con un espacio propio y bien definido. Si vives de alquiler, verifica si tu contrato te permite tener un negocio en casa y en qué condiciones. Y si tu vivienda es de propiedad, no está de más que consultes a la comunidad de vecinos si existen restricciones al respecto en cuando a ruidos o respecto a la entrada y salida de clientes, si es el caso.

En algunos países como en España es posible declarar algunos gastos del piso en función de los metros cuadrados, como parte de la contabilidad de tu negocio.

Si decides tener tu propio local no dejes de hacer muy bien tus cálculos antes de dar el paso. No se trata solo del gasto del espacio físico, sino del mantenimiento del mismo: suministros, seguros, declaraciones fiscales, tributos e impuestos. Recuerda que esto debe repercutir directamente sobre los precios de tus productos o servicios y que, si no puedes hacer que reviertan de manera inmediata porque no puedes subir los precios de una manera tan radical, necesitarás hacer una inversión extra para cubrir los costes de tu espacio de trabajo hasta que la recuperes con los frutos de tu negocio.

Respecto a la ubicación de tu negocio, ya sea taller o tienda, valora también otro factor importante: ¿estará abierto al público con un horario específico? ¿Atenderás tú a las personas que vengan o habrá alguien que lo haga? ¿Te gusta estar de cara al público y ejercer de vendedor? Es una reflexión realmente importante, por lo que te recomiendo que le dediques tiempo. Puede ser que no te guste tener horarios fijos y que justamente fuera por eso por lo que decidiste tener tu propio negocio; o, por el contrario, tener un marco horario estable te procure una sensación de orden que te haga sentir bien. En todo caso, debes tener en cuenta a la hora de organizar tu tiempo de trabajo en tu negocio que dependerás de algo que no puedes controlar: la afluencia de público. Es recomendable que reserves alguna hora de tu jornada laboral durante la cual tu taller o tienda esté cerrado al público. Y si para ti es importante la libertad y flexibilidad horaria, pero quieres o necesitas tener un local abierto al público, tendrás que sumar a la inversión los gastos de contratar a personal.

Compartir espacio es una alternativa que está a medio camino de estas dos opciones, y la verdad es que la oferta de *coworkings* en los últimos años es increíble. La mayoría de estos espacios compartidos van destinados a trabajos que no requieren mucho más que un ordenador, pero ya empieza a haber oferta dedicada a *makers* y artesanos. En estos casos, se trata de una excelente manera de tener acceso a herramientas y maquinaria que por tus propios medios tardarías mucho en conseguir y que te permitirá avanzar mucho en tu negocio, con precios mejores, sin cargar con demasiados gastos fijos. Otro punto a favor de esta opción es compartir tu profesión con otras personas que están en tu misma situación, con la ayuda, soporte y enriquecimiento mutuo que eso supone. Según lo que tengáis en común en cuanto al tipo de negocio, uniros para hacer pedidos puede ser una gran oportunidad de conseguir precios más baratos en materiales y servicios. Además, el alquiler suele incluir servicios como los suministros básicos e internet y algunos precios especiales en profesionales auxiliares, como gestores y abogados.

Nota importante:

Déjame hacer una pausa aquí para decirte algo importante sobre un pensamiento que quizás ya se te haya pasado por la cabeza. Aunque pueda parecerlo, ninguna de mis recomendaciones pretende asustarte o frenarte, ¡todo lo contrario! Mi mayor deseo es impulsarte y que llegues tan lejos como quieras ir; pero sé que el hecho de querer darte la máxima información posible para que tomes decisiones meditadas puede resultarte abrumador.

DE PROYECTO A NEGOCIO: LA PARTE LEGAL

Llegó el momento de formalizar tu idea. Cuando acabes de leer este libro, espero que ya tengas una idea bastante clara de cómo quieres que sea tu negocio y de la inversión que te supondrá. Con esa información estarás en disposición de buscar qué forma jurídica se le ajusta y qué representa en cuanto a gastos en la gestión del alta y en impuestos. Con estos datos podrás hacer tus cálculos finales y tus previsiones de tiempo para poder materializar tu empresa.

Te hablo de dinero y de tiempo porque, según el negocio que decidas tener, deberás cumplir ciertos requisitos en cuanto a trámites y permisos antes de poder iniciar tu actividad. Dependiendo del país donde vivas, si eres *freelance* y trabajas desde casa o desde un estudio compartido, en apenas unos días ya podrás ofrecer y vender tus productos y/o servicios. Pero si necesitas un local, taller o tienda, la cosa se complica un poco más: permisos de obras, certificados de instalaciones, permiso para desarrollar tu actividad en ese local, salida de humos, gestión de residuos...

No temas preguntar hasta que te queden aclaradas todas tus dudas y, si puedes, aunque hay organismos públicos que asesoran gratuitamente y de manera muy eficiente a emprendedores, te recomiendo que contrates a un gestor de confianza desde el primer día, puesto que a veces, aunque la gestión no sea en el fondo muy difícil, el lenguaje que se utiliza en la documentación puede resultar muy confuso. Busca referencias preguntando a tus amigos y familiares, y cuando tengas dos o tres recomendaciones de gestorías, pide hora y habla con ellos. Después elige al profesional que te parezca más competente, y no al más barato. Si crees en tu negocio y en ti, no debes escatimar dinero en aspectos tan importantes como la administración de los temas legales y fiscales.

Corren muchos bulos y leyendas urbanas en internet sobre cuándo hay que dar de alta un negocio, sobre las posibles trampas y los vacíos legales que las pemiten. Haz caso omiso de ellos y acude a un profesional. Empezar es muy duro, pero es importante cumplir con la ley. No olvides que tus impuestos repercuten en ti, en tu entorno, en la sociedad y en tu país. Si no estás de acuerdo con las normas, hay otras maneras de luchar para cambiarlas, y la economía sumergida no me parece la forma de rebeldía más acertada.

En según qué países, darte de alta en la Seguridad Social es obligatorio desde el momento en que inicias tu negocio; lo que me parece muy bien, aunque algunas cuotas resultan desproporcionadas y tendrían que revisarse seriamente. Es demasiado tentador, para recortar gastos, no pagar un seguro médico; pero si hay algo en el mundo con lo que no deberíamos arriesgar es con nuestra salud. Si la pierdes, sí que no habrá negocio ni vida que salvar. Esa adrenalina del principio de la que te he hablado te hace pensar que nunca vas a enfermarte, pero no eres invulnerable. En este sentido, y porque lo que se paga cuando estás de baja médica, si llegas a cobrar algo, es una cantidad muy baja, te recomiendo que en el apartado "Ahorro" de tu contabilidad tengas una partida para cubrir unos cuatro meses de gastos y sueldo. Este mínimo cojín te servirá también si, por cualquier motivo, tienes que cerrar tu negocio y buscar un trabajo.

Por último, déjame recordarte, pensando también en el futuro, que no dejes para muy tarde un plan de pensiones. Lo puedes incluir en los gastos fijos de la empresa (ver capítulo 3) o hacerlo como algo personal destinando parte de tu salario.

COLABORACIONES E INTERCAMBIOS

Cuando empiezas, y también más adelante, puede resultar muy interesante hacer intercambios y colaboraciones con otros profesionales. Ambos se centran en la idea sinérgica del *win win* ('todos ganan'), muy utilizada en el mundo de los negocios, según la cual ambas partes deben salir siempre beneficiadas. Remarco *siempre* porque, cuando esto no sucede, la parte que pierde suele sufrir por partida doble: una, porque no ha conseguido el beneficio que esperaba, y dos, por la decepción personal; a veces no se sabe cuál de las dos frustraciones es peor.

Por mi experiencia, creo que estas opciones funcionan mejor entre negocios que están en la misma fase de crecimiento, aunque a veces alguien que está empezando llega con tan buenas ideas y con tanta fuerza que la balanza enseguida queda equilibrada.

A veces, el intercambio puede ser entre servicios, habitualmente de una manera privada: yo te hago la web y tú me das cierto número de productos sin coste. Otras veces, la colaboración se hace de manera pública, con el objetivo de obtener de ella otros beneficios, como más difusión, ventas, credibilidad... Sería, por ejemplo, el caso de un ilustrador con mucho eco, que asocia su nombre y trabajo a una marca de libretas. Aunque me refiero a relaciones entre dos o más negocios sin que haya retribución de por medio, en el caso de las colaboraciones no siempre es así. Sea como fuere, es recomendable que firméis un contrato donde quede claro qué espera cada una de las partes tanto en acciones y productos como en dinero, si se da el caso, y las fechas en que estos deberán hacerse efectivos. No es una cuestión de desconfianza sino de demostrar que las partes son serias y que serán responsables de sus promesas. Aunque no haya dinero de por medio, que una de las partes no cumpla con su cometido puede perjudicar seriamente a la otra en lo económico. Por ejemplo, si has intercambiado un estand de feria por un bien y, cuando se acerca el día del evento, te dicen que el espacio no está disponible, ¿te imaginas lo que te supondría a nivel de negocio? ¿Y tu imagen? Se vería seriamente afectada, ¿no crees?

Antes de ofrecer un intercambio o colaboración, piénsalo dos veces. No digas que sí a la primera porque te haga mucha ilusión. Valora realmente qué ganas —beneficios materiales e inmateriales— y qué te supone a ti en cuanto a tiempo, recursos y energía.

PROVEEDORES DE MATERIALES Y SERVICIOS

Como te decía anteriormente, los proveedores forman parte de tu equipo de manera indirecta. Aunque no lo parezca, a simple vista tienen un gran impacto sobre tu negocio, ya que su aportación determinará la calidad de tus productos y servicios y sus precios.

Es importante que cultives una relación de confianza con ellos; el buen entendimiento contribuirá a que ambos tengáis negocios estables de largo recorrido. Un retraso en la entrega de un pedido, por ejemplo, puede hacer que tú quedes mal con tus clientes o puntos de venta porque no cumplas con tu fecha de entrega, con la consiguiente mala imagen y reputación que puede causar esto en el gran escaparate que son las redes sociales.

También tienes que poder confiar en que la calidad de su producto es siempre la misma o similar y que, si dejan de tener algo que necesitas, podrán reemplazarlo por otro de características parecidas y entregado en el momento acordado.

Lo mismo ocurre con los servicios. Si subcontratas parte del proceso de creación de tus piezas, necesitas que se cumpla tu programación.

Para evitar encontrarte en estas situaciones es recomendable que tengas dos o tres proveedores de cada especialidad por si te falla uno —tarea nada fácil de conseguir—. Te llevará tiempo tener los contactos y establecer las relaciones, por eso una vez más es bueno que asistas a eventos especializados en tu sector o encuentros de *networking*. Aunque empieza a haber algunos lugares de referencia online, todavía hay muchos proveedores muy interesantes que solo se conocen por medio del boca en boca. Algunos consejos más:

- **Comprueba la calidad del producto.** Si compras algo y confeccionas con ello creaciones poco duraderas, te llegará una reclamación de tu comprador, que exigirá el consiguiente abono. Además, darás muy mala imagen y no te recomendarán, más bien lo contrario. Por ello es necesario hallar el equilibrio entre precio y calidad.
- **Compara precios.** Verifica que la calidad es la misma, no te dejes tentar.
- **Compra con cabeza.** Aunque comprar al por mayor reduce los costes, piensa antes cuánto dinero puedes invertir para evitar quedarte sin *cash flow*. Basa tu compra en las previsiones que tienes de creación y ventas.

- **Chequea tus existencias.** Muy importante para evitar parar la producción. Ten muy en cuenta los plazos de entrega de tus proveedores y realiza los pedidos con antelación.
- **Otros costes.** Añade al precio de coste los gastos de envío o de transporte, si van aparte.
- **Mercadillos y tiendas de segunda mano.** Si compras en ellos porque buscas piezas únicas y especiales, no te olvides de remarcárselo a tus clientes para que no haya malentendidos en cuanto a unidades y calidad o resistencia del producto. Verifica qué tipo de impuestos se aplica a estos materiales en tu país, ya que casi nunca podrás obtener un ticket o facturas por tus compras.
- **Mejor precio por volumen.** No tengas vergüenza de negociarlo. Hay muchos proveedores que ya cuentan con ello y añaden un porcentaje mayor de margen a los precios. A mí es algo que personalmente me sigue incomodando y que no entiendo, pero te puedo confirmar que en muchos sitios es totalmente vigente esta fórmula.
- **Modalidad de pago.** Para hacer tus previsiones averigua si se debe pagar a la compra o si hay un plazo de días para pagar después del envío de la factura. Si tienen la opción de reducción de precios por pronto pago, valora si puedes aprovecharla.
- **Mínimos.** Para tener las ventajas del precio al por mayor te pedirán que hagas una compra mínima. Este, por desgracia, es un gran freno para los *freelancers* y pequeñas empresas. Como te decía anteriormente, una buena opción para solventarlo es que te unas a otros profesionales para poder hacer pedidos más grandes.

I+T+T = INNOVACIÓN + TRADICIÓN + TECNOLOGÍA

Estas tres palabras son el I+D+I de los creadores actuales y, al igual que el resto de empresas, son su gran valor diferencial, lo que las hace fuertes.

La modernidad no está reñida con la tradición, y los negocios que han sabido ver que esto es así son los que están triunfando en el mundo de la artesanía. Para encontrar tu sitio en el mercado y mantenerte, lo más recomendable es encontrar el equilibrio entre estos tres retos, y dejar a un lado la idea de que, si lo hacemos, estamos siendo menos puristas o cometiendo un sacrilegio al no hacerlo todo como antiguamente. Se trata de unir ¡lo mejor de los dos mundos! Negar la realidad nunca ayuda: hay que adaptarse a ella con cabeza, o la artesanía desaparecerá. Y si de algo no tengo dudas es de que la tecnología ha tenido mucho que ver con el resurgimiento de los negocios hechos a mano. Nunca antes había sido tan accesible, global, fácil de usar y al alcance de muchos bolsillos. Afortunadamente, muchos *makers* y artesanos han sabido ver su potencial.

La tecnología nos permite ser competitivos, más ágiles y eficientes, pero manteniendo nuestra misión y nuestros valores. Aplicar la transformación digital a nuestros negocios no es algo que podamos valorar si implementar o no: debe formar parte de nuestra planificación desde el primer momento. Además, como dice Alba Delgado, especialista en transformación digital, los pequeños negocios tienen una gran ventaja competitiva frente a la gran empresa, y es su flexibilidad, capacidad y velocidad de adaptación.

Aunque el I+T+T se puede y se debe aplicar tanto a tu taller como a tu empresa, me quiero centrar en esta última forma de negocio porque será la que se beneficiará antes de su implementación y te permitirá ganar tiempo para poder dedicarlo a lo que más te apasiona y el motivo que te llevó a montar tu propio negocio: crear con tus manos.

LOS PEQUEÑOS NEGOCIOS TIENEN UNA GRAN VENTAJA COMPETITIVA FRENTE A LA GRAN EMPRESA: SU FLEXIBILIDAD.

"Utilizar bien la tecnología es como tener un ejército de robots que se encarga de hacer las tareas que tú no quieres (ni debes) hacer."

ALBA DELGADO

La tecnología significa vender más, ganar más y trabajar menos, y estos son solo algunos ejemplos de cómo es posible:

PUEDES...

■ ... enviar correos electrónicos automáticamente; convertir tu tienda física en una tienda online que venda por ti; mantener actualizada tu base de datos de clientes, contactos y proveedores; publicar contenido en tus redes sociales...

PERO A LA VEZ PODRÍAS...

■ ... saber cuánto vas a ganar el mes que viene; recibir un aviso si un cliente no te paga; detectar nuevas oportunidades de negocio; saber el dinero que recuperas por cada euro invertido en promoción; saber por qué te han dejado de comprar los clientes que te han abandonado en los últimos seis meses... y así hasta casi el infinito.

Dicen las estadísticas que, en los últimos años, la mayoría de las decisiones de compra y de venta se originan en internet y que el móvil es el aparato tecnológico más utilizado para ello, por lo que despreciar la presencia online como empresa sería casi un suicidio empresarial.

Durante la época más cruda de la crisis económica, en España fueron las ventas internacionales y exportaciones las que salvaron a muchos negocios del cierre, y tal cosa no habría sido posible sin la ayuda de la tecnología y de otra herramienta muy potente a la hora de atravesar muchas fronteras, que debes tener también muy en cuenta: la lengua inglesa.

Tus clientes van a ferias y mercados, a tiendas, talleres y galerías, pero muchas veces, cada vez más, después de descubrir tu trabajo y conocerte, realizan sus compras online en lugar de hacerlo de manera presencial. La tecnología te permite que esto sea así y algo muy importante: mantener un posterior contacto cercano con ellos. Las nuevas tecnologías son también las responsables de algunas de las diferentes opciones comerciales que te he comentado anteriormente, como serían los cursos online o los *webinars*.

No te cierres en banda al futuro porque dominar los recursos que te ofrece la tecnología te dé respeto o pereza. Si no dispones de conocimientos, invertir en ello hará que tu vida y la de tu empresa cambien significativamente y, según como sea tu situación actual, me atrevería a decir que de manera radical. Puedes confiar en un especialista en nuevas tecnologías para que te acompañe en la transformación digital de tu empresa; pero implementarla y hacer que forme parte de tu rutina y la de tu equipo es cosa de todos, al igual que los sistemas organizativos de los que ya hemos hablado en este mismo capítulo. Tiene que formar parte de vuestro ADN y no ser algo que cueste esfuerzo.

Este profesional, que no es un técnico informático, te recomendará los mejores sistemas y herramientas y te enseñará a sacarles el máximo partido; pero eres tú el que mejor conoce tu negocio y el que deberás describirle tus necesidades y maneras de trabajar para que, de entre toda la oferta de programas, herramientas, aplicaciones, etc., te proponga aquellos que potencien tu negocio y te hagan ganar tiempo y dinero. Solo como último recurso o en caso de tener necesidades muy particulares, puedes contratar también a un programador para que desarrolle un software específico para tu negocio.

Una última cosa en este sentido, pero no por ello menos importante. La tecnología, como a veces pasa con los grandes avances, es un arma de doble filo. Por un lado, nos facilita la vida y nos regala tiempo; pero a la vez, si no sabes gobernarla puede hacer que ocurra todo lo contrario. No dejes que sea una distracción constante y te convierta en un esclavo. Recuerda: tú estás al mando, no las máquinas.

Así que ¿cómo lo ves? ¿Estás preparado para impulsarte con tu transformación digital?

LO VEO CLARO: QUIERO LANZAR MI NEGOCIO, PERO TRABAJO POR CUENTA AJENA. ¿QUÉ HAGO AHORA?

▶ Ponerse en marcha

Cuando monté mi propio taller de joyería textil y complementos pasó un tiempo hasta que pude dedicarme exclusivamente a mi negocio, pues combinaba mi trabajo de mañanas en una empresa de diseño de punto con las clases que impartía algunas tardes en una escuela de arte. Años después, cuando creé *Veoveo Magazine*, revista de manualidades para adultos y diseño artesano, utilicé la misma fórmula: trabajaba en un centro de enseñanza de idiomas y a la vez impartía talleres de ganchillo, punto y costura.

Compatibilizar tu proyecto con otros trabajos es factible solo durante un tiempo; llega un momento en que resulta insostenible y tu salud física y emocional no puede soportarlo más. No rindes en tu trabajo, con las consecuencias que eso puede comportarte, y tampoco avanza tu proyecto de la manera que desearías para poder acabar dejando tu trabajo. ¡Llega el momento de la decisión! Lo importante es que lo tengas claro y que traces un plan. Si realmente quieres dar el salto, encontrarás la manera.

Te preguntarás cuándo es el momento perfecto y siento decirte que no hay respuesta estándar para esta pregunta. Es un poco lo mismo que decidir tener un hijo, salvando las distancias. Debes pensar en si estás bien a un nivel físico, mental, emocional y financiero; en cuál es la situación y las necesidades de tu familia y si dar el salto es compatible con ellas. Tendrás que hablar con ellos y valorar si pueden hacerse responsables durante un tiempo de aquello que tú casi no podrás hacer o no podrás asumir en absoluto si tienes que viajar, por ejemplo. O si podrán hacerse cargo durante un tiempo de los gastos a los que no vas a poder contribuir.

No puedes predecir el futuro pero, si partes de una buena base, tienes más opciones de que las cosas vayan bien.

Pero antes de que llegue este momento y a fin de favorecer una mejor transición, repasemos algunas de las opciones que podrías tener:
- Seguir en tu trabajo mientras empiezas a ahorrar y formarte para tu propio negocio.
- Combinar tu trabajo con el inicio de tu negocio y dedicarle horas entre semana y los fines de semana.
- Pedir una reducción de jornada.
- Solicitar una excedencia idealmente de un año o seis meses.

Mientras no llega el día, puedes hacer múltiples cosas para estar preparado:
- **A primera hora o a última del día y los fines de semana:** Si tu trabajo es a jornada completa, como sucede en la mayoría de los casos, y según sea tu situación familiar, puedes dedicar la primera hora del día a trabajar en tu proyecto, aprovechando que en ese momento estarás fresco y descansado. Si tienes hijos, lo más probable es que el momento más tranquilo de tus días sea por la noche.

Lo importante es que encuentres un momento para tu futuro negocio: planificación, creación, formación, hacer contactos a través de redes sociales, grupos o blogs profesionales online… y establezcas la rutina de dedicarle tiempo cada día, en mayor o menor medida.

Puedes avanzar y formarte a nivel online, pero si prefieres que sea de manera presencial, seguro que encuentras algunos cursos que se impartan en fin de semana; no dejes de buscarlos.

A pesar de lo dicho, ¡recuerda guardar tiempo para descansar y que tu mente respire! Será bueno para ti y para tu negocio, créeme. Si te quemas antes de tiempo, acabarás frustrado y sin materializar tu idea.

■ **Vacaciones:** Separo este periodo del punto anterior porque las vacaciones te permiten darle un gran impulso a tu proyecto. Pero ten cuidado y tómate un descanso racional: una semana o dos en función de los días que tengas. Recuerda que necesitas estar descansado y lleno de energía para la vuelta, tanto si todavía estás combinando el trabajo con tu futuro negocio, como si ya has decidido despedirte y emprender.

■ **De camino a casa o al trabajo:** Hoy en día existen muchos medios para seguir formándote de una manera fácil y cómoda. Ahora, además de libros y ebooks, dispones de podcasts, vídeos, blogs… accesibles desde diferentes dispositivos.

■ **Estudio de mercado y pruebas con clientes:** Como te comentaba al inicio de este capítulo, es muy importante que testees tu idea para verificar si es viable o si realmente te gusta. Quítate las manías de encima y ¡atrévete!

■ ***Networking* y contacto con emprendedores:** No hace falta que esperes a lanzar tu negocio para conectar con otros emprendedores como tú. Al revés: es muy recomendable que lo hagas cuanto antes para no sentirte solo y aislado. Como te he mencionado, el apoyo directo o indirecto de personas que están en tu mismo momento vital o en uno más avanzado es una ayuda muy importante para conseguir tu éxito. Son el ejemplo viviente de que es posible dar el paso.

Es importante que empieces a acudir a eventos de emprendedores o propios de tu sector. En ellos, emprendedores, empresas y profesionales comparten sus avances e informan sobre novedades en los diferentes ámbitos del negocio mediante ponencias, charlas y talleres. Pueden ocuparte unas horas o unos días, como es el caso de unas jornadas, que pueden resultar muy rentables.

▸ Deja tiempo para procesar toda la información; tu cerebro te lo agradecerá.

El esfuerzo que estás haciendo cansa igual que un día de maratón. Aunque al principio resulte muy tentador, el objetivo no es conocer a todo el mundo ni ir a todos los eventos; tal cosa te acabaría robando mucho tiempo sin aportarte algo. Debes hacer una selección previa de los que más puedan interesarte, en función de la temática y del tipo de emprendedor que acude, buscando el perfil con el que te sientas identificado.

Si existe algún evento específico de tu sector, sin duda te será más útil acudir a este que a cualquier otro; aunque yo te recomendaría que también asistas a algún otro de sectores afines. Muchas veces ocurre que, por limitarnos a lo que ya conocemos, dejamos de incorporar novedades que han funcionado en otros sectores y que podrían hacernos marcar la diferencia mejorando nuestro negocio, y como consecuencia nuestros ingresos. El riesgo de equivocarse en la elección es mayor, pero el beneficio también puede serlo.

Con el tiempo, irás estableciendo fuertes lazos y relaciones con las personas que conozcas y con algunas de ellas puedes acabar formando un grupo de *mastermind*.

■ **Sigue a tus referentes:** Es bueno tener referentes, en tu sector y fuera de él, de tu mismo tamaño o de grandes empresas. No con la intención de copiar —yo creo firmemente que se pueden hacer negocios practicando el juego limpio—, sino como una manera de inspirarse, retarse a uno mismo y adaptar lo aprendido a nuestras particularidades. Según el ciclo de aprendizaje de Kolb, aprendemos un 10 % leyendo, un 20 % escuchando, un 40 % de medios audiovisuales, un 50 % con demostraciones, un 70 % enseñando la actividad, un 80-90 % simulando la realidad y el 100 % experimentándolo realmente.

A estas alturas de mi vida puedo decirte que, a la hora de aplicar cambios significativos en mí y en mi trayectoria profesional, ha sido de mis referentes (familia, amigos, profesionales reconocidos y anónimos) de quienes más he aprendido; más que de la formación reglada recibida. Aunque tuve la suerte de tener muy buenos profesores, aún hoy en día la escuela sigue estando pensada como un lugar donde acumular datos y no donde hacer crecer a las personas; por suerte, ya está empezando el cambio.

Necesitamos ambas cosas, educación y referentes; tener ejemplos reales para creer que nosotros también podemos vivir creando con cerámica, madera, cuero..., haciendo lo que decidamos. Si te das cuenta, es lo que también hacen las grandes escuelas de negocios cuando enseñan a sus alumnos nuevos sistemas a partir de casos de estudio de empresas que han destacado significativamente.

▶ ¿Dónde encontrar a estos referentes?

En periódicos, revistas, televisión, vídeos como las TED talks o los Creative Mornings... Aunque, sin duda alguna para mí, la mejor manera, si tu situación geográfica te lo permite, es asistir a eventos donde puedas tener cerca y en carne y hueso a esa persona que ha conseguido llegar donde tú quieres. En muchos casos, si tienes paciencia y te comes la vergüenza, podrás hablar con ellos para comprobar que, en casi todos los casos, te confesarán que ellos mismos tampoco se creyeron capaces poco antes de empezar a cambiar sus vidas.

■ *Mastermind:* Un *mastermind* es un grupo formado por entre tres y cinco emprendedores que se reúnen periódicamente, cada quince días o una vez al mes, para comentar la evolución de sus negocios; escuchar críticas constructivas y otros puntos de vista; compartir momentos flojos o de decaimiento y celebrar éxitos; fijar próximos objetivos y comprometerse... Un grupo de apoyo profesional ¡con un valor incalculable!

Es muy importante que en tu *mastermind* haya un clima de total confianza, puesto que compartiréis información sensible y privada tanto a nivel profesional como personal.

Durante este periodo de transición, puedes sufrir momentos críticos. Te puede dar la sensación de que estás perdiendo el tiempo y de que tu trabajo actual es el culpable de que no estés haciendo lo que más te gusta. Es el momento de mantener la calma más que nunca. Dejar el trabajo y emprender no debería ser fruto de un arrebato; dejarlo antes de tiempo podría hacer que fuera más difícil de lo necesario empezar, quizás porque no te haya dado tiempo a ahorrar lo necesario o porque todavía no tengas suficiente formación.

Si te ayuda, piensa que las tareas que estás realizando en tu trabajo también te servirán para tu nuevo proyecto. Quizás ahora no te lo parezca en absoluto por ser de un sector totalmente diferente pero, confía en mí: será así. Además, aplicar o adaptar técnicas y sistemas no propios de un sector puede hacer que sea lo que te diferencie de tu competencia.

Durante esta época, si puedes permitírtelo, es recomendable que contrates los servicios de un *coach* o un consultor para que te acompañe en el proceso. Si no, intenta encontrar un mentor que te sirva de referencia y de guía. Avanzarás más rápido y con mayor seguridad y claridad. Este libro te servirá de gran ayuda, pero nunca será comparable al trabajo con una persona.

EMPEZAR POCO A POCO, SIN PRISA, PERO SIN PAUSA.

Imagina la situación, has llegado al final de este capítulo y al final de este libro y estas decidido a emprender. Te has hecho todas las preguntas y estás satisfecho con tus respuestas y quieres ir a por todas. El retrato que has visto te encaja con lo que deseas en este momento y quieres empezar cuanto antes.

Es entonces cuando te saco mi señal de STOP.

A veces nos pasa que lo vemos tan claro, tan fácil, tan motivador que se nos olvida que podemos viajar de Barcelona a París o de Buenos Aires a Ciudad de México más rápido o más lento, pero que los kilómetros que separan estas ciudades siguen siendo los mismos.

A esto se le llama *gestión del cambio*, o cómo llevar la espera para que las semillas que plantemos crezcan, canalizando las frustraciones y no olvidando los buenos momentos que vivimos entretanto.

Pero esto no te va a desanimar a continuar leyendo, ¿no?

Prometo darte todos los detalles sobre cómo empezar y seguir avanzando en el próximo capítulo y siguientes.

¿Me acompañas?

¡Tengo muchas ganas de contarte más!

MINIDOSIS

—

SUSTITUYE CADA TÍTULO DE CADA APARTADO CON LAS PREGUNTAS QUE TE PLANTEO Y RESPÓNDELAS POR ESCRITO.

—

BUSCA LA HOJA DEL *BUSINESS MODEL CANVAS* E IMPRÍMELA. ESCRIBE EN ÉL A MANO LAS RESPUESTAS A LAS PREGUNTAS PLANTEADAS. LUEGO, YA PUEDES PASAR AL ORDENADOR. ESTÁ DEMOSTRADO QUE, CUANDO ESCRIBIMOS A MANO, PENSAMOS DE MANERA MÁS CONSCIENTE Y RETENEMOS MÁS LA INFORMACIÓN.

—

CON LA AYUDA DE LOS MAPAS Y ETIQUETAS DEL *MANUAL THINKING*, O SI NO DISPONES DE ESTE MATERIAL CON *POST-IT* QUE PEGARÁS A LA PARED, PLANTÉATE TRES GRANDES HITOS PARA ESTE AÑO Y LAS TAREAS Y MINITAREAS QUE REALIZAR PARA CONSEGUIRLOS.

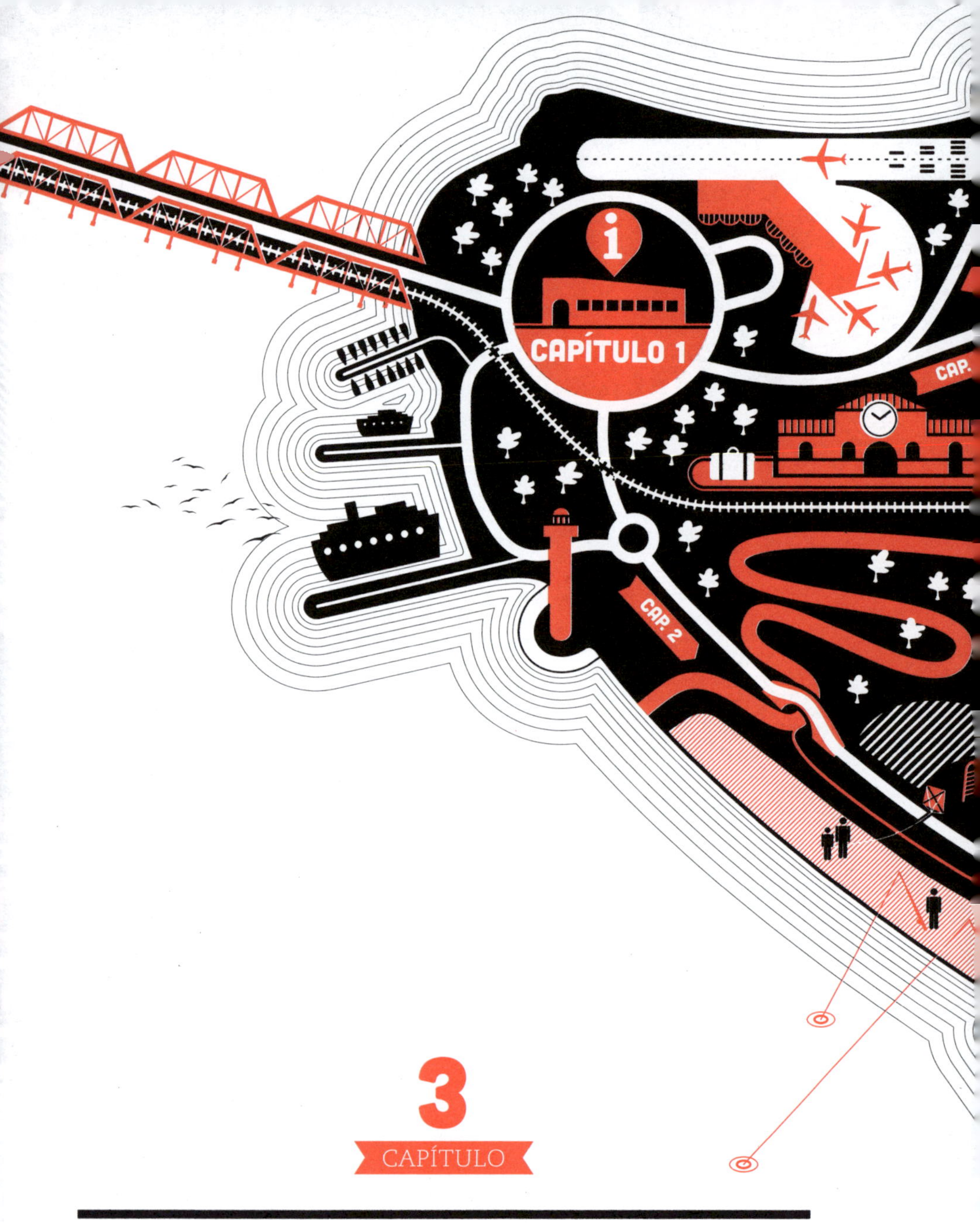

3

LOS NÚMEROS SON TUS AMIGOS

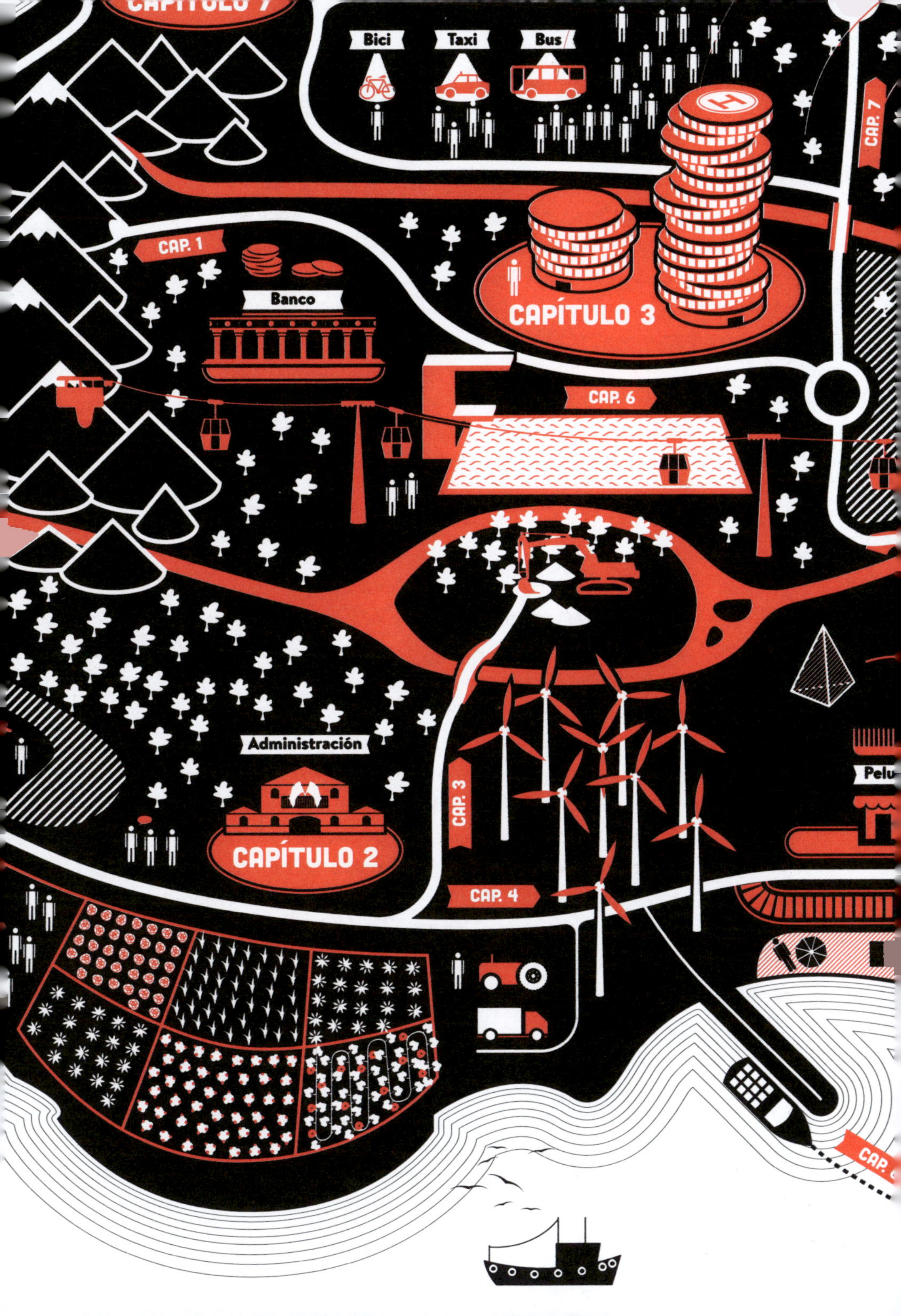

CAPÍTULO 7
Bici
Taxi
Bus
CAP. 7
CAP. 1
Banco
CAPÍTULO 3
CAP. 6
Administración
CAP. 3
CAPÍTULO 2
CAP. 4
Pelu
CAP.

Lo más probable es que no estés de acuerdo con el título de este capítulo, y la mayoría de la gente seguramente coincidiría contigo. Yo misma pensé eso mismo durante casi toda mi vida. Pero es así: **los números son tus mejores aliados y, si no llegas a esta conclusión por ti mismo, nunca conseguirás que tu negocio funcione porque son el pilar fundamental de tu empresa.** Por este motivo, un día me cansé de estar falta de estos conocimientos y decidí contratar a una consultora financiera, Renata Moitinho; ¡una de las mejores decisiones que he tomado en mi vida! Casi todo lo que comparto contigo en este capítulo lo aprendí de ella. El resto está basado en mis investigaciones y en mi experiencia personal.

Quizás a ti también te resulte familiar esta escena:

Tú con una sonrisa nerviosa dibujada en la cara, mirando un ejercicio matemático mientras pronuncias la típica frase: "Es que yo soy de letras". ¿Te has imaginado alguna vez la misma escena pero al revés? A alguien diciendo ante un ejercicio escrito: "Lo siento, no puedo escribir porque soy de números".

No te abrumes, no es culpa tuya: de nuevo ocurre que la educación que hemos recibido no nos ha ayudado especialmente. Por suerte, poco a poco, este desastre ya está empezando a mejorar. Pero tú necesitas cambiar el chip ahora mismo, ¿verdad? ¡Pues vayamos a ello!

Porque los números nos ayudan a gestionar y entender muchas áreas de nuestra empresa, desde el cálculo de tus precios hasta la lectura de las estadísticas de tu sitio web y redes sociales. Pero, sobre todo, a lo que te ayudan si no los ves como tus enemigos es a desprenderte del miedo que los *makers* suelen tenerle a las palabras *dinero* y *vender*. Sí, uno de los hándicaps que recogí en el capítulo 1 y el que creo que más daño hace: la mala relación con el dinero y pensar que este contamina o pervierte la esencia del trabajo creativo, como si al mezclar trabajo con ganancias económicas estuviéramos vendiendo nuestra alma al diablo.

Esta manera de pensar es la que provoca que muchas veces, aunque hayamos hecho todos los deberes en lo referente al ámbito *empresa* y sepamos perfectamente a qué precio "justo" debemos vender nuestro trabajo para poder vivir creando, acabemos agachando la cabeza sonrojados sin saber cómo comunicar el valor de nuestro trabajo, de nuestra habilidad técnica y nuestro talento y, por tanto, nuestros precios, con lo que acabamos rebajándolos.

¿Te ha pasado alguna vez que tú mismo, por miedo a que no te compraran, has rebajado el precio de tu producto o servicios sin que tu cliente, tienda o galería te lo pidiera, asumiendo que lo iban a hacer? La falta de seguridad en uno mismo es lo que hace que bajes los precios rápidamente si no vendes o si crees que no lo harás, en lugar de dejar que pase el tiempo necesario para que el cliente aprecie el verdadero valor de tu trabajo y lo pague con placer. Sabes que hay otros profesionales que lo han logrado; ¿por qué no ibas a poder hacer tú lo mismo?

Todo es culpa de una percepción errónea, de una mala pasada que te juega tu mente. Las buenas noticias son ¡que se puede cambiar!

La gestión de tu dinero es tan trascedente para poder dar salida comercial a tus creaciones y seguir creando (como veremos con más detalle en el capítulo 6) que este será el punto de vista desde el que te hablaré de los números en este capítulo.

"Nada en la vida debe ser temido: solamente comprendido. Ahora es el momento de comprender más, para temer menos."
MARIE CURIE

A estas alturas del libro habrás comprobado que te he ido recordando de manera un tanto insistente algo muy importante: que hay que tener una idea de negocio muy clara e incluso un plan de empresa definido al detalle pero que ambas cosas no son suficientes para conseguir el éxito; se necesita llevarlo a cabo y hace falta dinero, un ingrediente que vas a necesitar desde el minuto uno.

Te he hablado también de la gestión del cambio y cómo llevar la espera hasta que tu empresa empieza a dar resultados, que no beneficios; la media es de tres a cinco años. Hasta que la gente te conoce, te compra, repite, te recomienda, vuelve a repetir, sus amigos y conocidos también te compran y te recomiendan... ¡pasa tiempo! Y durante ese largo periodo de afianzamiento necesitas un cojín financiero que te permita estar cómodo para seguir trabajando mientras consigues llegar a tu objetivo. Este cojín tiene que contener dinero contante y sonante, así de simple.

Si no es así, trabajarás angustiado y acabarás agotado. **Cuanto más te concentres en tu falta de dinero, más lo alejarás de tu vida** y entrarás en una zona peligrosa que te puede llevar a tomar decisiones desesperadas, además de amargar tu ánimo y transformar tu carácter. Como debes de imaginarte, este no es el camino para crear la empresa y modo de vida que deseas. Y es mejor mirar de frente a lo que puede ir mal para poner los medios que puedan evitarlo desde un inicio.

PORQUE ¿QUÉ ES EL DINERO?

▶ **El dinero es:**

- vivir en un hogar
- alimentarte
- poder curarte cuando estás enfermo tú o lo está alguien de tu familia
- la educación de tus hijos
- arreglar aquello que no funciona o sustituirlo
- desplazarte cómodamente
- tener tiempo libre
- poder pensar con calma y sin presión
- no angustiarte por el futuro
- vacaciones
- una jubilación merecida
- ayudar a los que lo necesitan
- ayudar a los que ayudan
- impuestos para que mejore tu entorno y la sociedad
- apoyo a la cultura
- ocio: libros, música, teatro, cine, gastronomía...
- formación...

Tú proporcionas algunas de estas cosas a unas personas y otras te las proporcionan a ti; es como un trueque pero en diferentes direcciones. Actualmente, solo excepcionalmente podemos intercambiar nuestros productos y servicios por otros, y por eso necesitamos una moneda de cambio: el dinero. **Lo que haces tiene un valor incalculable, como todo lo** que he mencionado en la lista, pero necesitamos ponerle un precio que se paga con esta moneda, como un simple facilitador del intercambio.

———

"El objetivo no es ganar dinero, es el resultado de que has hecho las cosas bien, de hacer lo que da sentido a tu vida."
JOAN MELÉ

———

Pero esta manera de pensar, este malestar que te provoca tiene un porqué… **Cada vez se habla más de la psicología del dinero, de la mentalidad de abundancia o escasez. Todos los ámbitos de la vida, nuestra infancia, educación, contexto, cultura… nos condicionan poderosamente. Las finanzas no podían ser la excepción.**

Yo también creía que el dinero hacía que se pervirtiera mi trabajo o mi esencia. Me sentía fatal cuando llegaba el momento de hablar de precios. Por suerte, hace ya un tiempo que sé que el dinero no tiene nada que ver conmigo, con mi calidad humana y la de mi trabajo. El dinero es el medio que te permite seguir creando lo que tú decidas y como tú quieres, e intercambiarlo por aquellas otras cosas que necesitas para vivir.

Piénsalo por un momento, tómate cinco minutos solo. Seguro que conoces muchos ejemplos de creadores a los que no les ha pasado lo que tú temes. Son bellas personas, grandes profesionales, se sienten felices creando y hacen felices a sus clientes, que pagan con gusto por el valor de lo que reciben.

Como dice Renata y yo suscribo: **"El dinero no te hace bueno o malo. Potencia lo que uno lleva dentro, dado al poder que se adquiere cuando lo tienes. No obstante, si tus valores son fuertes, no cambiarán. Si sucede, no culpes al dinero: cúlpate a ti mismo. Cambiar, a mejor o a peor, es una decisión".**

En el capítulo 1 te hablaba del síndrome del impostor pero ¿has oído hablar del síndrome del pobre? Es un mal bastante habitual entre los emprendedores que no han aprendido la cultura del dinero en su familia, que casi siempre es motivo de muchos sufrimientos sin causa aparente, lo que les impide ponerle remedio. Estos son algunos de sus síntomas:

- Tener más tendencia a ahorrar que a invertir, algo imprescindible para crecer.

- Creer que el objetivo principal de ganar dinero es sobrevivir, y no disfrutar de la vida.
- Una capacidad de imaginar un futuro en grande más limitada, puesto que siempre se ha vivido al día y los sueños se han considerado cosas de películas o de ricos.
- No saber descansar y seguir trabajando como un loco cuando las cosas van bien, porque la angustia de pensar que la bonanza solo ha sido un golpe de suerte pasajero impide parar por miedo a que todo se vaya al traste.
- Presumir de lo que tienes, y de lo que no tienes, para demostrar algo a los demás.
- Sentir vergüenza de tu pasado y no sacar provecho de todo lo bueno que tiene.
- ...

El dinero no puede ser el freno que te impida lanzarte a crear tu propio negocio, ni porque no tengas fondos para empezar a desarrollarlo, ni porque pienses que no vas a ser capaz de conseguir ganar lo que necesitas y te mereces.

Hay otros motivos, que ya repasamos en el primer capítulo de este libro, que sí lo pueden ser, pero no el dinero —o más bien tu mentalidad relacionada con él.

Si después de haber realizado tu plan de negocios y puesto suficientemente a prueba tu idea ves claro qué es lo que quieres hacer, tienes que dedicar la misma calma, técnica y creatividad que pones en tus creaciones a buscar la financiación propia interna o externa para lanzarte a por ello.

No puedes meter tu sueño en un cajón diciéndote a ti mismo "No puede ser" o "Esto no es para mí". Creo sinceramente que, en estas condiciones, vale más la pena intentarlo y que no funcione que quedarse toda la vida con la duda de qué hubiera pasado si lo hubiera intentado. Si crees en ti y en tus posibilidades, debes invertir en tu negocio.

"Decide que lo quieres más de lo que lo temes."
BILL COSBY

FALSOS MITOS, CONFUSIONES Y MALOS ENTENDIDOS.

Antes de seguir adelante con otras consideraciones imprescindibles para tomar decisiones, permíteme que enfatice una serie de principios básicos y elimine con ello de un plumazo algunos obstáculos mentales que podrían acecharte en forma de mitos recurrentes:

■ El precio de un producto o servicio no se calcula solamente sumando el precio de coste de los materiales y la tarifa horaria que te hayas establecido. Si crees que solo existe esta opción, ¡descártala!, o no conseguirás tener un negocio.

■ Un producto hecho a mano nunca puede ser infravalorado y, como consecuencia, tener un precio bajo si quien lo vende tiene un negocio. Debe reflejar el grado de implicación, conocimiento y talento al fabricarlo, y los gastos propios de una empresa.

En este sector, la diferencia de precios a veces es escandalosa, pero existe un motivo para que sea así que tiene que ver con las opciones disponibles para dedicarse a él que te mostré antes: hay personas que crean sobre todo por hobby y, si ganan lo bastante para autofinanciarlo, ya se dan por satisfechos. Otras solo se dedican a ello durante algunas temporadas del año, como actividad suplementaria a otros negocios o a una dedicación principal. En cualquiera de los casos, se arriesgan a hacerlo sin declararlo legalmente para evitar el consiguiente pago de impuestos.

■ Recuerda que facturar y obtener beneficios no es lo mismo. Puedes haber facturado mucho dinero pero no haber ingresado ni un céntimo en tu cuenta o, lo que es peor, puedes tener que avanzar los impuestos correspondientes a esas facturas y que tu cliente no llegue a pagarte nunca.

■ Una promesa de compra no es una compra, aunque te haga toda la ilusión del mundo. No empieces a trabajar antes de tiempo y avances dinero porque te motiva mucho un proyecto sin haber cobrado antes un anticipo.

■ No es lo mismo gasto que inversión. Por ejemplo, al principio, cuando te plantees contratar los servicios de un gestor —una opción más que recomendable—, vivirás este momento como un gasto, aunque sin duda es una inversión, puesto que repercutirá para bien en tu negocio: te dará tranquilidad, tiempo y seguridad, y hará que tú te dediques a lo que realmente sabes hacer.

Si crees en tu negocio, tendrás que invertir en él continuamente, pero no solo en el sentido tradicional de la palabra; si te planteas la necesidad de pagar a un fisioterapeuta para poder trabajar en mejores condiciones en el taller, ¿te parecerá un gasto o una inversión?

- No es lo mismo ahorro para imprevistos que para inversión. Lo primero es lo que te dará seguridad para asumir lo imprescindible y lo segundo conlleva un riesgo implícito. Por tanto, ahorra en dos cuentas separadas.

PLAN FINANCIERO

Si en el capítulo anterior te hablaba del plan de negocio, ahora toca hablar de la parte de la planificación que se centra en tus finanzas: **tu plan financiero. Es el que debe definir tu estructura económica, el lugar donde se unen todas las proyecciones en cuanto a ventas, costes, gastos, inversiones (activos) y lo que necesitas para ponerlo todo en marcha (deudas).**

Basándote en todo lo que habrás apuntado sobre la definición de tu negocio una vez finalizada la lectura de este libro, y ya con todos los deberes hechos, deberás trazar este plan de la manera más definida posible. Como es una tarea que requiere tener los conceptos bien claros y necesita energía, tiempo y concentración, te recomiendo leer este capítulo antes de acometerla.

"Es tan importante la innovación creativa como la ingeniería financiera."
NACHO DE JUAN-CREIX

Si ya llevas un año o más con tu negocio en marcha, te será más fácil hacer este ejercicio. Si no, tendrás que documentarte y pedir información a la vez que lo realizas. Si haces este cálculo por primera vez es difícil, lento y menos ajustado a la realidad; pero no te preocupes: igualmente te será de vital ayuda. En esta fase inicial no sabemos aún lo que funciona y lo que no. Tenemos una serie de ideas y deseamos implantarlas todas, y a veces, muy a menudo, solemos gastar más dinero de lo previsto. También ocurre que los planes iniciales sufren modificaciones por los costes del ensayo-error, típico en los emprendedores *amateurs*. Pero si no plasmamos la realidad financiera de nuestra empresa en un proyecto, es difícil tener una perspectiva realista, a la que haya que ajustarse. Un plan financiero te da horizonte.

▶ Un buen plan te inspira y te anima a pasar a la acción

Nada de esto significa que debas seguirlo al pie de la letra. En el capítulo 7 encontrarás los mecanismos de evaluación y control que te permitirán detectar si vas por el buen camino o si debes hacer reajustes o cambios según las circunstancias con que te encuentres.

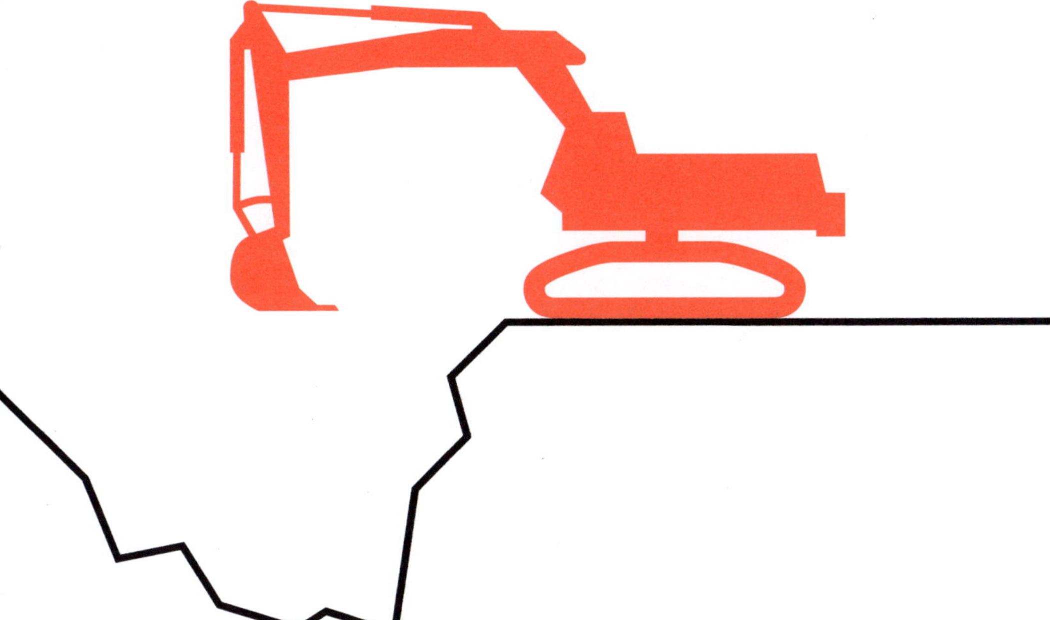

¿QUÉ ESPERAR DE MI NEGOCIO A NIVEL FINANCIERO?

- **Primer año y medio:** Un error muy común es esperar ganar dinero, en lugar de ponerlo.

  Muchas veces no se tiene en cuenta este importante detalle al pedir un crédito y rápidamente te ves con el agua al cuello tomando medidas desesperadas que poco tenían que ver con tu idea de negocio y que tienen difícil redirección. La angustia se apodera del día a día y es difícil pensar con claridad.

- **Hasta los tres años:** Aunque las ventas van mejor, todavía hay problemas de liquidez (*cash flow*) y en muchas ocasiones es necesaria una nueva inversión para acabar de conseguir estabilidad. Tienes mucho trabajo pero ya no dispones de tiempo para atender todos los pedidos, por lo que se plantea la posibilidad de contratar personal, aunque sea de manera puntual. Esto hará que todavía no puedas tener el sueldo que deseas.

  El *cash flow* es lo que da más guerra y lo más difícil de gestionar. Los bancos no lo ponen nada fácil y tú necesitas dinero en efectivo entre tus entradas (cobros a clientes) y salidas (pagos a proveedores) de dinero.

- **A partir de los tres años:** Las cosas te resultan más fáciles, pero no puedes bajar la guardia. Es necesario guardar para cuando vienen periodos de menos ventas o imprevistos. Tienes una clientela que empieza a ser fiel y eso ayuda mucho, pero no es suficiente.

- **Después de cinco años:** Conoces muy bien tu negocio y sabes qué esperar y estás preparado para ello. Sabes cuándo son tus picos del año y cuándo los bajos y qué estrategias definir para sobrellevarlos. No es que ganes mucho más dinero, pero sí tienes cierta estabilidad.

¡LLEGÓ LA HORA DE TUS AMIGOS LOS NÚMEROS!

En cualquier caso: ármate de paciencia y busca un lugar tranquilo, coge papel y boli —o, mejor, una hoja de cálculo—, y ten a mano tus facturas, recibos y tu cuenta bancaria.

(Recuerda, realiza esta tarea paulatinamente, y tomándote descansos. No quieras acabarla en un solo día, o terminarás por abandonarla.) Estas reglas generales no son las únicas fórmulas posibles, pero sí las más recomendables y las más fáciles de aplicar en la primera fase de una microempresa (autónomos) que tiene una pequeña infraestructura para crear productos que se pueden hacer de principio a fin por uno mismo o casi, o con maquinaria pequeña.

Antes de seguir, déjame decirte una cosa que aprendí de mi experiencia cuando me estrené como emprendedora y que te evitará un error muy común entre los *makers*.

Cuando empiezas, te puede la ilusión y querer tenerlo todo desde un inicio es tentador: materiales, máquinas, espacio... Piensas que necesitas absolutamente de todo en tu taller y que, si no lo tienes, es imposible que funcione. Mantén la cabeza fría y desengáñate: no es así.

Es la primera fase y se trata simplemente de poner a prueba si tu negocio es viable para evitar quedarte endeudado si no funciona. No te digo esto para meterte miedo: solo para que seas prudente. En este sector, según en qué especialidad, hay maquinaria cara que no siempre es imprescindible adquirir desde el primer día. Valora alternativas, como el alquiler por uso o servicio, aunque te suponga más gasto en un primer momento.

———

"Un negocio puede ser un prototipo del mundo en el cual quieres vivir."
JENNIFER ARMBRUST

———

Con estos datos estarás en disposición de trazar el plan que te lleve desde donde estás ahora hasta donde quieres llegar. Es necesario saber el número mínimo de piezas que tienes que crear y vender al mes y al año para conseguir tu objetivo económico o, si no te es posible cumplir esa previsión, pensar en otras fuentes de ingresos (ver capítulo 2) y contabilizarlas en las ganancias que debes generar.

Para comprobar si es viable únicamente la primera opción, debes conocer muy bien cuál es tu productividad y la de tu taller. Debes disfrutar de tu trabajo pero a la vez ser eficiente, encontrar el equilibrio. Es muy tentador dedicarle mucho tiempo a cada pieza por amor a tu trabajo y por la búsqueda, siempre imposible, de la perfección, pero trabajando de esta manera será difícil que consigas un negocio rentable. Permítetelo de vez en cuando, como un regalo, pero hazlo como una excepción y nunca como una regla.

"¡Todos tenemos una capacidad brutal de mejorar!"
NACHO DE JUAN-CREIX

Si eres *amateur*, este cálculo te será más difícil, pero siempre puedes hacer una aproximación; lo importante es que te pares a hacer el ejercicio.

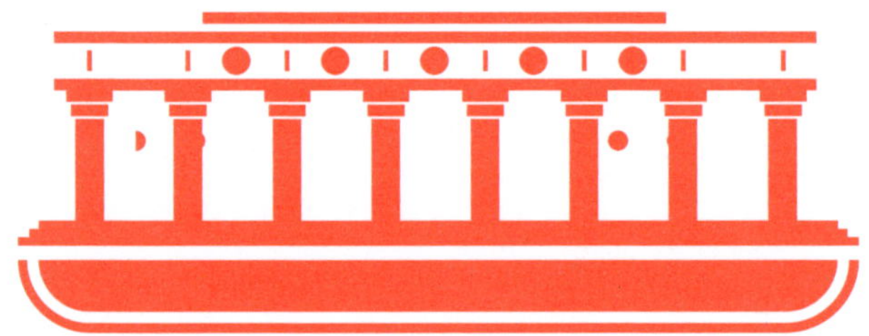

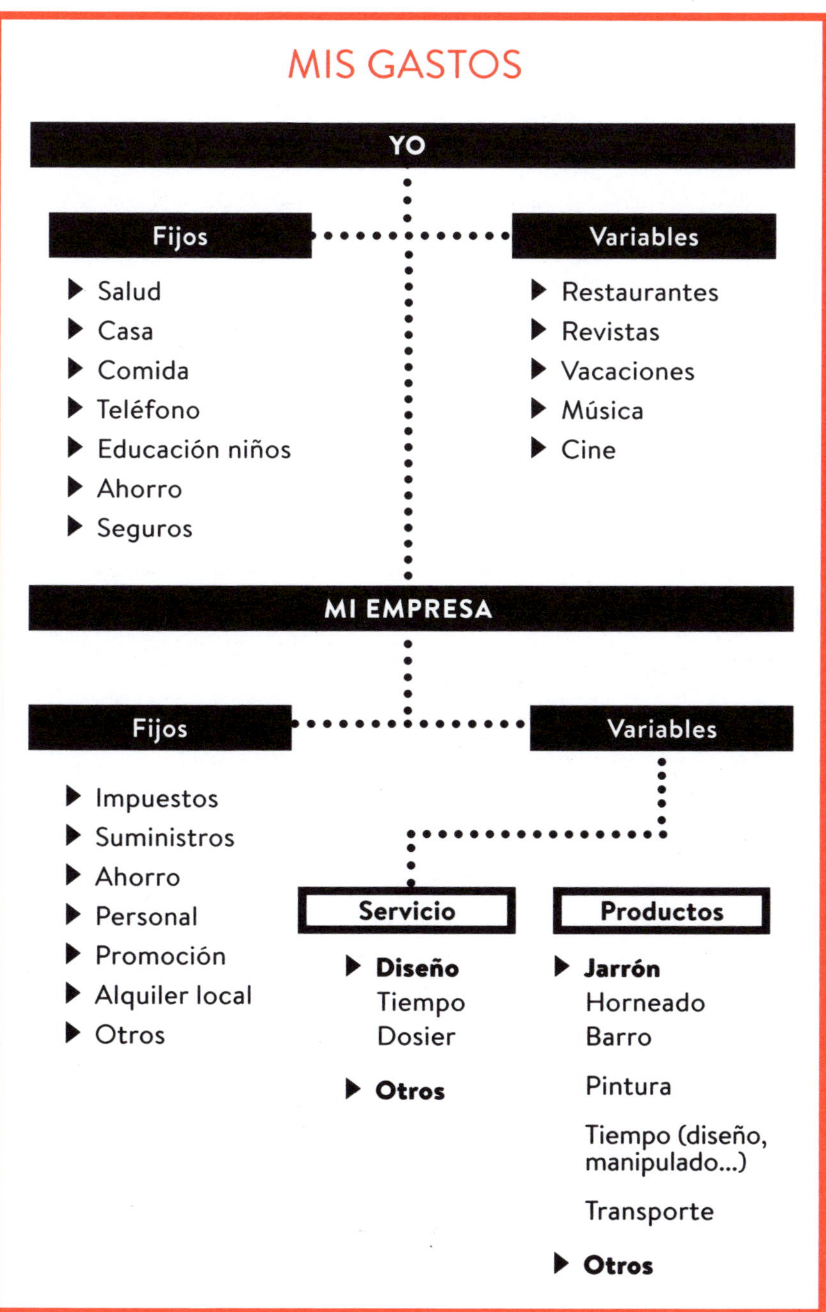
MIS GASTOS
YO
Fijos
Variables
Salud
Casa
Comida
Teléfono
Educación niños
Ahorro
Seguros
Restaurantes
Revistas
Vacaciones
Música
Cine
MI EMPRESA
Fijos
Variables
Impuestos
Suministros
Ahorro
Personal
Promoción
Alquiler local
Otros
Servicio
Productos
Diseño
Tiempo
Dosier
Otros
Jarrón
Horneado
Barro
Pintura
Tiempo (diseño, manipulado...)
Transporte
Otros

¿CÓMO SÉ EL SUELDO QUE DEBO TENER PARA EMPEZAR?

YO = MI SUELDO

¿Cuántos gastos tengo en un año?

1. Anota y suma (a mano o en un excel) todo aquello de tu vida que pagas con dinero, todos tus gastos: alquiler, comida, suministros, salud, vacaciones, ocio, escuela, coche, seguros, seguros médicos, ropa...

2. Ahora divídelo entre 12 para saber cuánto necesitas ganar al mes para pagarlos.

3. Añade un 10 % a esta cantidad como ahorro.

MI YO MÍNIMO =

¿Con cuánto dinero puedo vivir de manera ajustada durante un año para no gastar y poder ahorrar?

1. Repasa tu lista anterior y piensa de qué cosas podrías prescindir o cambiar: vacaciones más económicas, un piso más adecuado a tus necesidades, coche, ropa, ocio...

2. Añade un 10 % a esta cantidad como ahorro.

YO - MI YO MÍNIMO = CAPACIDAD DE AHORRO

¿CÓMO SÉ LOS GASTOS FIJOS DE MI EMPRESA?

▸ Mi empresa

¿Cuánto gastos tiene tu negocio?

1. Anota y suma (a mano o en un excel) los gastos anuales de tu negocio: alquiler del espacio y/o almacén, suministros, servicios de profesionales (gestoría, contable...), material de oficina, reparaciones y mantenimiento del local e instalaciones, personal que no interviene en el proceso productivo (sueldo bruto y seguridad social), impuestos y tributos, aparatos (ordenador, impresora...), gastos financieros (intereses o gastos de un crédito), comunicación y publicidad, proveedores online (*hosting*, antivirus...), formación...

2. Ahora divídelo entre 12 para saber cuánto necesitas ganar al mes para pagarlos.

Importante: Todos los cálculos relacionados con Empresa debes hacerlos sin impuestos.

¿CÓMO SÉ CUÁNTO DEBO GANAR AL MES PARA PAGAR MIS GASTOS FIJOS?

▸ Yo + Empresa

Objetivo de facturación* anual =
Mi sueldo (o sueldo mínimo) × 12
+ seguridad social + reserva para tu jubilación
+ sueldo mes vacaciones + gastos fijos de empresa al año

Ingresos mensuales =
Objetivo de facturación anual / 12

** Facturas cobradas*

¿CÓMO CALCULO MI PRECIO HORA?

Tiempo facturable (total en horas al año): ....

365 días - (fines de semana + festivos + vacaciones + días de baja) × 8 h

Horas trabajadas al mes: ....

(Tiempo facturable / 12)

Número de horas no facturables al mes:* ....

(Las horas dedicadas a facturación, administración y dirección + ventas + relaciones públicas y gestión de la publicidad + formación e I+D + descansos, tiempos muertos, desplazamientos...) Haz un cálculo aproximado por semana y después multiplícalo para saber cuántas son al mes.

Horas trabajadas al mes - Número de horas no facturables = Horas facturables ....

Objetivo de facturación al mes: ....

Precio/hora objetivo = Objetivo de facturación / Horas facturables ....

Horas no facturables: Porque durante ese tiempo no estás produciendo algo de lo que obtendrás beneficios económicos, que es lo que realmente paga tus gastos fijos.

¿CÓMO CALCULO EL PVP (PRECIO DE VENTA AL PÚBLICO) DE MIS PRODUCTOS Y/O SERVICIOS?

▸ PVP=

Gastos variables
(Suma de los costes de producción)
+
tu precio hora
+
el margen de beneficio que queremos
tener (alrededor de un 50 %)
+
el margen de la tienda o galería en caso de productos o el margen
de los posibles intermediarios, como sería la venta por afiliación si
es un servicio (entre un 30 % y un 50 %).

¿CÓMO CALCULO CUÁNTO PUEDO PRODUCIR O DAR UN SERVICIO?

▸ Primero debes saber cuánto puedes producir:

- ¿Qué piezas tienes en tu catálogo y cuánto tardas en crear cada una tú solo?
- ¿Cuántas horas puedes trabajar de manera efectiva en tu taller?
- ¿Qué número de ellas puedes crear por día? ¿Puedes agrupar ciertas tareas juntas para ser más eficiente? o ¿puedes optimizar el diseño para ganar tiempo?
- ¿Externalizas parte del proceso?

▶ Si ofreces un servicio, según sea este, pregúntate:

- ¿Qué número de horas me lleva completar cada servicio?
- Además de la reunión con mis clientes, ¿cuánto tiempo le dedico antes y después a trabajar en él? ¿Cuántas horas le dediqué a crear el material para ofrecer este servicio?
- ¿Cuántas horas puedo dedicarle a dar este servicio a la semana?

Hazte preguntas similares al servicio si realizas charlas, formación o impartes talleres.

¿CUÁNTO TENGO QUE VENDER PARA PAGAR MIS GASTOS FIJOS (YO + EMPRESA)?

▶ Ventas:

Objetivo de facturación anual / productos y servicios

Por ejemplo, pensemos en una silla de madera:
Materiales necesarios para la creación de la silla o de una cantidad específica si es difícil calcular el precio unitario (madera, cola, clavos...) + costes variables correspondientes (las horas de trabajo de otros trabajadores [la parte proporcional de su sueldo bruto y seguridad social], la parte proporcional de las reparaciones y mantenimiento de la maquinaria que has utilizado, el embalaje para el transporte, el transporte...) + tu tarifa/hora + el margen de beneficio que quieres tener (alrededor de un 50 %) + el margen de la tienda si sueles trabajar con ellas (entre un 30 % y un 50 %) = PVP.

Como ves, el margen de la tienda o galería puede ser muy alto. Calcula muy bien tus precios y mira dónde puedes ahorrar, sin asfixiarte ni en tiempo ni en dinero para que el precio de coste sea el mejor posible.

Después, en función de la respuesta que te den tus clientes ideales —analizando cuánto valoran (lo más difícil de cuantificar) y cuánto estarían dispuestos a pagar por los beneficios y aporte de tus productos y/o servicios (el diseño, la personalización, la exclusividad...)— o del volumen de compra, puedes ir modificándola.

Observar qué hace la competencia solo puede servirte de guía y no de referencia, porque no podrás comparar sin tener información real y fiable. No podrás saber sus costes operacionales, si disponen de más recursos que tú, si han decidido obtener un pequeño margen de beneficio como estrategia de negocio, por no mencionar las motivaciones y casuística propia de este sector, que ya te he mencionado en el apartado de mitos de este capítulo.

Puedes mirarlo, pero al final tendrás que tomar tus propias decisiones. Si analizas tu competencia, hazlo más bien pensando ¿en qué puedo ofrecer o mejorar lo que ya existe? Pero sin agobiarte: hay clientes con diferentes criterios y gustos.

Con todos los datos que has recopilado en el apartado anterior y estas fórmulas, ya estás en disposición de calcular tus precios.

Para acabar quiero que hagas un último ejercicio para calcular cuánto dinero deberías ganar para tener la vida que deseas.

Piensa en aquello que cambiarías de tu vida actual, si es que quieres cambiar algo. Quizás te gustaría disfrutar de más tiempo libre o que este sea de más calidad; vivir en una casa más grande o cambiar de ciudad; cambiar de escuela a tus hijos o ampliar su formación; viajar más; tener un seguro médico mejor, un plan de jubilación más completo...

Suma los gastos que tendrías en un año y divide el resultado entre 12.

¿Por qué te he hecho calcular el coste de tu vida actual, tu vida ajustándote el cinturón y tu vida ideal?
Porque estos cálculos son supuestos ideales que al principio no podrás cumplir, pero que te servirán para saber cuál es tu desviación del objetivo inicial y cuánto dinero extra necesitas para aguantar durante el tiempo que te lleve conseguir suficientes clientes. Y lo mismo si ya llevas un tiempo con tu negocio abierto.

"Las finanzas personales no son números o cálculos matemáticos: son DECISIONES."
PLATA CON PLÁTICA

Como ves, se te plantean tres escenarios. El objetivo es que gradualmente subas tus precios hasta conseguir llegar a cubrir los gastos de esa vida por la que estás trabajando duro. ¡Esa es tu meta! Y si no la cuantificas, no sabrás si estás cerca o no de ella ni si tienes que aplicar cambios para alcanzarla.

FINANCIACIÓN

Si bien es verdad que actualmente, gracias a internet, es posible algo que hasta hace apenas unos años era imposible (iniciar un negocio con una pequeña inversión), esta realidad es aplicable sobre todo al sector servicios. Cuando tu negocio está basado en productos, la inversión, aunque también se ha reducido, debe ser superior. Lo que quiero dejar claro es que, sí o sí, es necesario invertir dinero, y a veces arriesgarlo, para iniciar un negocio, y sobre todo para hacerlo crecer. La palabra gratis no existe, aunque nos la pinten con colores brillantes. Algunos negocios te permitirán que el gasto sea gradual, y otros, como una tienda o taller, requieren de una inversión importante antes incluso de abrir la puerta.

Después de que hayas hecho el cálculo del dinero que vas a necesitar, tienes diferentes opciones para conseguirlo:

■ **Ahorrar.** Siempre debe ser tu primera opción antes de recurrir a financiación externa, por las contrapartidas que esta supone y que puede comprometer tu salud financiera y la de tu empresa. Cuantos menos recursos tienes, más creativo te vuelves. Hacerlo así te dará más calma y menos gastos.

Antes de pensar en alternativas al ahorro, hazte las siguientes preguntas: ¿es necesario que me lance ahora a crear mi negocio, o puedo esperar un tiempo? ¿Realmente no tengo dinero, o podría reducir gastos que no me son imprescindibles sin perder calidad de vida? ¿Puedo vivir trabajando solo a media jornada mientras inicio mi negocio?

■ **Pedir un préstamo a tres F.** Sí, las mismas FFF de las que te hablé en el capítulo 1; algo muy habitual entre los emprendedores, puesto que muchas veces la opción uno queda descartada por diferentes motivos que has analizado detenidamente y porque los bancos no confían en tu proyecto. En este caso, si recibes un préstamo de familiares, amigos o mecenas espontáneos te recomiendo que, para evitar malos entendidos futuros que pueden resultar muy dolorosos, dejéis muy claro en qué términos se hace. Aunque puede resultar violento, es muy recomendable que firméis un contrato.

- ***Crowdfunding.*** Este modelo de financiación basado en el mecenazgo que sobre todo se da en proyectos culturales y artísticos ha crecido de manera exponencial y, en algunos casos, ha funcionado con gran éxito. Como todo, tiene pros y contras que debes valorar muy bien antes de hacer uso de ello. Las plataformas que lo ofrecen suelen brindar mucha información de cómo utilizarlos con éxito. No dejes de leer sus instrucciones y también toda la información al respecto que encuentres en otros medios. Mi recomendación especial es que tengas muy en cuenta qué gastos legales y fiscales implican para que hagas muy bien tus números y no te lleves un disgusto.

- **Buscar un socio o un *business angel* ('ángel inversor').** Debes valorar muy bien estas opciones, porque a veces lo que parecía una solución puede resultar la peor decisión. Si es un socio que solo aporta capital, o un *business angel*, te recomiendo que busques la asesoría de un abogado. Lo mismo si te asocias con una persona con la que compartes tareas y responsabilidades en el negocio; asegúrate de que estas sean complementarias —definiendo funciones por escrito— y que sentís la misión de la empresa de la misma forma y con los mismos valores. Deja constancia también de qué pasaría en caso de conflicto.

- **Subvenciones públicas.** En algunos países o comunidades políticas, por motivos de mantenimiento de la cultura o por una promoción de la artesanía relacionada con el turismo es posible acceder a ayudas públicas, ya sean económicas o de medios o servicios. También como emprendedor es posible que puedas acceder a ellas. Fíjate muy bien en las condiciones y los plazos.

- **Créditos bancarios.** Si llegas a la conclusión de que debes solicitarlo, pide información en tu entidad habitual y en dos más que sean solventes. Hay algunas más receptivas a apoyar a los emprendedores y otras que están especializadas en tu sector. Una vez hayas elegido la adecuada, lee bien las condiciones y toda la letra pequeña relacionada con el préstamo antes de firmar nada. Y que no te dé vergüenza hacer las preguntas que necesites para aclarar tus dudas: exige explicaciones claras para no financieros. Recuerda que no te están regalando nada y que, para cumplir con tus obligaciones, primero debes entenderlas.

Tienes que obtener respuesta a cuestiones como:

- cuánto capital necesito (recuerda tu plan financiero);
- en cuánto tiempo lo podría devolver y qué cuotas tendré que pagar;
- qué tipo de interés se aplica y si hay condiciones que puedas cumplir que hagan que sea menor;
- comisiones de apertura o penalización por amortización anticipada;
- necesidad de aval;
- penalizaciones por impago;
- vinculación del crédito a otros productos como, por ejemplo, un seguro.

Pide la menor suma posible y devuélvela lo más rápido que puedas. Pero tampoco te quedes corto y te encuentres luego con que la cantidad solicitada no alcanza a cubrir tus necesidades de financiación externa y no te permite el cojín de tiempo necesario para cumplir tus previsiones económicas, porque en ese caso no podrás devolver el préstamo.

- **Tarjetas de crédito.** Aunque no debe considerarse una opción de financiación, a veces es un recurso. En todo caso, intenta que esta sea tu última ultimísima opción.

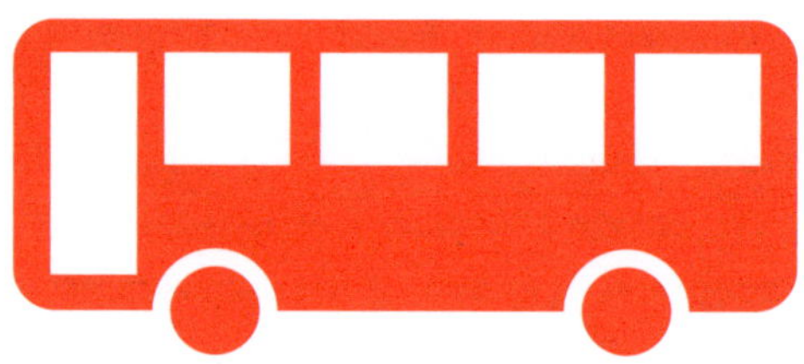

CONTABILIDAD

Puede ser que al principio te ocupes tú de todas o de casi todas las áreas de tu empresa. Como siempre, esto que en principio puede parecer por momentos una tortura también tiene su lado positivo, ya que cuando llegue el momento de delegar algunas de estas tareas tendrás una idea bastante aproximada de cuáles son las responsabilidades del profesional al que contrates. No sería la primera ni la última vez que alguien reciba una multa por una falta que ha cometido su gestor, porque no tenía conocimientos para verificar si estaba haciendo bien su trabajo.

No puedes confiar ciegamente en una persona solo porque te da miedo o pereza saber qué implica el trabajo que hace para ti y para qué sirve. No quiero decirte que debas saber mucho de todo y estés siempre pendiente; es imposible. Pero sí que tengas suficientes conocimientos como para no desentenderte y ser capaz de hacerle una evaluación periódica.

Por ejemplo, un error muy habitual relacionado con la gestión de las finanzas es confundir las funciones de profesionales distintos:

- **Un contable:** se encarga de tus libros de contabilidad, de las amortizaciones de capital, de conciliaciones bancarias, de los arqueos de caja, etc. Puede darte algunos consejos de tipo financiero, pero no es un experto en el tema.
- **Un gestor:** en ocasiones también ofrece servicios de contabilidad, pero su función principal son los temas fiscales y tributarios, como son el pago de impuestos, la realización de trámites con la administración pública, la gestión laboral y de la seguridad social, el registro mercantil, de vehículos, industrial, etc.
- **Un asesor financiero:** este experto en finanzas te enseñará cómo calcular tus precios, poner a punto estrategias de negocio basadas en tus productos para mejorar tus ganancias, te asesorará sobre inversiones, etc.

En lo que respecta al ámbito administrativo-contable, y como punto de partida, deberías saber:

- **Cómo se hacen:** un presupuesto, diferentes tipos de facturas, abonos, recibos, modelos sencillos de contrato, etc.
- **Conocer las prestaciones que tu banco ofrece por los servicios que hayas contratado y los gastos que comportan:** cuenta corriente, tarjeta de

débito o de crédito, transferencias nacionales e internacionales, intereses por descubierto, etc.

- **Diferentes productos financieros:** pólizas de seguros, planes de jubilación...

Dependiendo de cuál sea tu tipo de empresa, tendrás por ley unas obligaciones contables más o menos exigentes, desde un simple registro de entradas y salidas que puedes realizar con una hoja de cálculo, hasta un libro de contabilidad formal. Según el país donde se ubique tu negocio, también tendrás la obligación de guardar todas tus facturas y tickets durante un número determinado de años.

A este respecto, déjame recordarte la importancia de tener estos datos a buen recaudo. Si los guardas en tu ordenador o en la nube, crea un sistema de protección de tu información que te permita obtener copias de seguridad si es posible cada semana.

BUENOS HÁBITOS FINANCIEROS, RUTINAS QUE SALVAN NEGOCIOS

Te encargues tú de la contabilidad o delegues esta tarea en un administrativo o contable —cosa que te recomiendo; será una de las mejores inversiones que puedes hacer—, te aconsejo las siguientes rutinas que facilitarán tu trabajo y el suyo y te permitirán tener las cuentas en orden, lo que se traduce en una sensación de tranquilidad y seguridad, que repercutirá en tu trabajo y en tu negocio.

- ***Money Day.*** Elige un día a la semana para ocuparte de temas administrativos y contables y, a no ser que surja algo realmente urgente, no te lo saltes. Esta rutina hará que el resto de los días no ocupes tu cabeza con estas cuestiones y que, cuando te pongas a trabajar en ello, seas realmente productivo, porque estarás centrado en un solo tema.
- ***Cash flow,* o liquidez.** Más a menudo de lo que se cree, el mayor problema en un negocio, sobre todo al inicio, no es que no vendas, sino el *cash flow*, es decir, el dinero efectivo que necesitas tener para liquidar tus facturas. Necesitas saber de la manera más exacta no solo a cuánto ascenderán tus gastos e ingresos, sino cuándo se te efectúan los pagos. Porque si

hay mucho desfase entre unos y otros, tal vez no tengas suficiente dinero en el banco para pagar tus materiales, sueldos, gastos fijos, etc. Una vez más, debes ser proactivo y hacer bien tus previsiones, en lugar de reactivo y resolver los problemas como puedas cuando lleguen por sorpresa.

■ **Mantén tus papeles en orden.** Crea un sistema de organización lo más estándar posible que no solo entiendas tú. Ponerlo a punto apenas te llevará unas horas, y mantenerlo, apenas unos minutos diarios.

■ **Evita la procastinación trabajando por las mañanas.** Como lo más probable es que ocuparte de estas tareas no te haga especialmente ilusión aunque sepas la gran importancia que tienen, trabaja en ellas nada más empezar tu jornada laboral; de otro modo, lo más seguro es que siempre encuentres algo que te parezca más importante, es decir, una excusa para no hacerlo. Si lo haces por la mañana, te lo quitas de encima y después vuelves al resto de tus ocupaciones con la gran satisfacción del deber cumplido.

■ **Cuentas bancarias personales y profesionales separadas para *freelancers*.** Aunque esta no es una obligación en países como España, es muy saludable que lo hagas. Te ayudará a tener una visión clara y más control de tu negocio y de tus cuentas personales. Si tienes ayuda de un gestor o contable, será doblemente útil.

■ **Crea el hábito de ahorrar.** Da igual que sea una cantidad ridícula cada mes: lo importante es el hecho de hacerlo. Si se convierte en un gesto habitual, en cuanto puedas subirás la cantidad sin que te suponga un gran esfuerzo.

■ **Controla tus gastos además de tus ingresos.** El éxito de un negocio no está solo en ganar dinero.

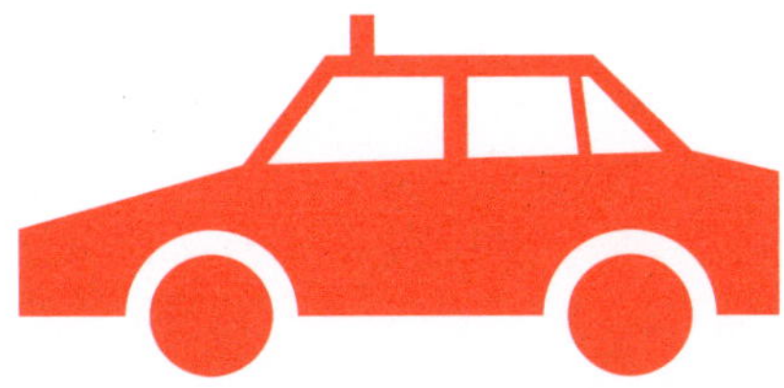

GESTIÓN DE IMPAGOS Y DEUDAS

Te decía unos párrafos más arriba que no era lo mismo facturar que tener dinero en tu cuenta bancaria, y te daba un pequeño ejemplo a tener en cuenta. Si se aprende esta lección con la experiencia, ¡te aseguro que no se olvida nunca! Por eso mismo he pensado que, si se da el caso, la gestión de los cobros y de las deudas —parte esencial de las finanzas de los negocios rentables— merecía un apartado especial.

Te dejo aquí algunos consejos:

- **Revisa los pagos y no esperes a que sea demasiado tarde.** Si lo introduces como una rutina en tu *Money Day*, no te costará tanto y te evitarás muchos nervios y enfados en vano, además del desgaste económico y emocional, que perjudicará tanto a tu negocio como a ti. Las consecuencias de no cobrar tus facturas en su fecha inicia una cadena que incluso puede acabar obligándote a cerrar: te quedas sin *cash flow*, retrasas el pago a tus propios proveedores, pagas comisiones y pides un préstamo con intereses que acabas por no poder pagar.

    Vale la pena no olvidarlo, ¿verdad?

- **Redacta una política de pagos y reembolsos.** Define claramente tus normas generales: en qué casos se debe abonar una factura a la entrega del producto o previo uso del servicio, o realizar un pago por anticipado en el momento del cierre del contrato y otros más mientras se desarrolla este, sobre todo si externalizas parte del trabajo. O si hay un número determinado de días para pagar la factura después de la fecha de esta, según decidas tú o según lo permita la legislación de tu país.

- **No hagas a los demás lo que no te gustaría que te hicieran a ti.** Recuerda la importancia del ahorro. No esperes a recibir un pago para hacer frente a tus propias obligaciones con la liquidación de gastos fijos o puntuales, como puede ser el pago a un proveedor.

  Es tu responsabilidad; ellos no tienen la culpa.

- **No dependas económicamente de pocos clientes y busca sus referencias.** En cualquier momento, uno o varios de ellos podrían fallar. Si es posible, combínalos con la venta al detalle o de otros servicios, y si no, aunque te vaya muy bien solo con ellos, no te cierres a trabajar con nuevos clientes. Si tu cartera de clientes es reducida, con más motivo debes informarte —dentro de lo posible— de si un nuevo cliente es solvente.

- **Política de pago de tus clientes y otros.** Hay empresas que solo realizan pagos unos días determinados al mes. Si no lo tienes en cuenta, puedes llegar a cobrar 30 días después de lo previsto.

  No envíes las facturas con pago en días festivos o cercanos a fines de semana; lo más probable es que se aplace el pago hasta el siguiente día laboral.

- **Creatividad también en tus facturas.** Una factura atractiva y de lectura clara llamará la atención de tu cliente y hará que te recuerde más, no solo para pagarte sino para volver a trabajar contigo.

  Asegúrate de que tu cliente haya recibido la factura y confirma que está satisfecho con el trabajo.

  En ocasiones, el retraso del pago o el impago se deben a insatisfacción del cliente; a veces por una razón justificada, y otras por una mala percepción de algo que se podría aclarar con una simple llamada de teléfono. Sé proactivo y anticípate a una incidencia.

  Una vez hayas emitido una factura, está atento al acuse de recibo. No sería la primera ni la última vez que, por accidente, un correo electrónico acaba en la carpeta de *spam*, aunque se trate de un cliente habitual. Aprovecha el mensaje del envío para comunicar de manera explícita la fecha de pago límite de la factura adjunta; es decir, no pongas "a 30 días" sino el día X del mes X.

- **Reclama con diplomacia; tu cliente es una persona como tú.** Si el pago no llega, prueba todas las opciones antes de recurrir a la reclamación por vía legal. No olvides que reconocer problemas financieros es algo que da vergüenza, y a veces tu cliente espera hasta el último momento para confesarte sus dificultades o ni siquiera lo hace. Si es este el caso, muestra empatía y ofrece alternativas de cobro para saldar la deuda, que os vayan bien a ambos. No es lo mismo alguien que tiene una deuda y quiere pagarla que un moroso.

Si eres tú quien sufre problemas de liquidez y ves cómo se te acumulan las deudas, contacta con un profesional que pueda evaluar la situación de tu empresa y te ayude a buscar soluciones. Por poco dinero que tengas, en muchas ocasiones, tomar esta decisión a tiempo es una inversión que puede salvar tu empresa.

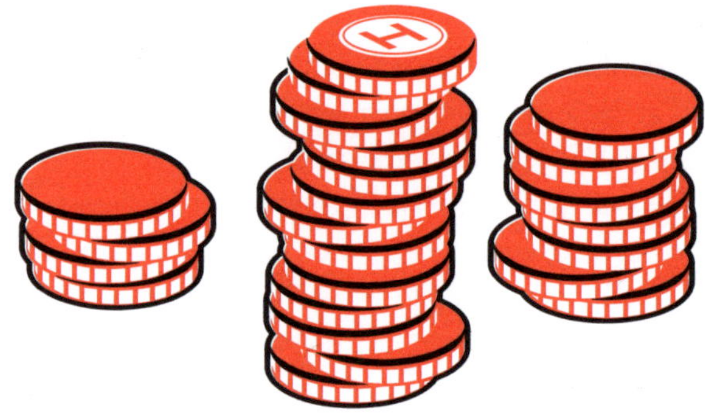

MINIDOSIS

—

¿CUÁL ES TU RELACIÓN CON LOS NÚMEROS? ¿Y CON EL DINERO? ¿CREES QUE NECESITAS AYUDA Y FORMACIÓN AL RESPECTO? ¿DÓNDE PODRÍAS ENCONTRARLA?

—

SI EL PLAN FINANCIERO Y LOS CÁLCULOS TE CUESTAN DE ENTENDER PERO VES QUE SON VITALES PARA TU NEGOCIO, ¿ESTÁS DISPUESTO A GUARDAR LA VERGÜENZA EN UN CAJÓN Y A BUSCAR AYUDA PROFESIONAL? CONCIERTA UNA PRIMERA CITA INFORMATIVA Y, SI VES QUE NO ENTIENDES NADA DE LO QUE TE EXPLICA O QUE NO TIENE LA PACIENCIA DE EXPLICÁRTELO EN UN LENGUAJE COMPRENSIBLE PARA TI, CAMBIA, BUSCA OTRO PROFESIONAL MÁS ACCESIBLE.

—

¿TIENES CLARO QUE EL DINERO QUE GANAS SE TRADUCE EN BIENESTAR PARA TI, TUS CLIENTES Y LA SOCIEDAD?

—

¿HAS ENTENDIDO EL SIGNIFICADO REAL DE LOS CONCEPTOS FACTURAR, BENEFICIOS, NO GASTAR, GANAR, INVERTIR, AHORRAR, DEUDAS, MOROSIDAD... Y POR QUÉ SON VITALES PARA TU NEGOCIO?

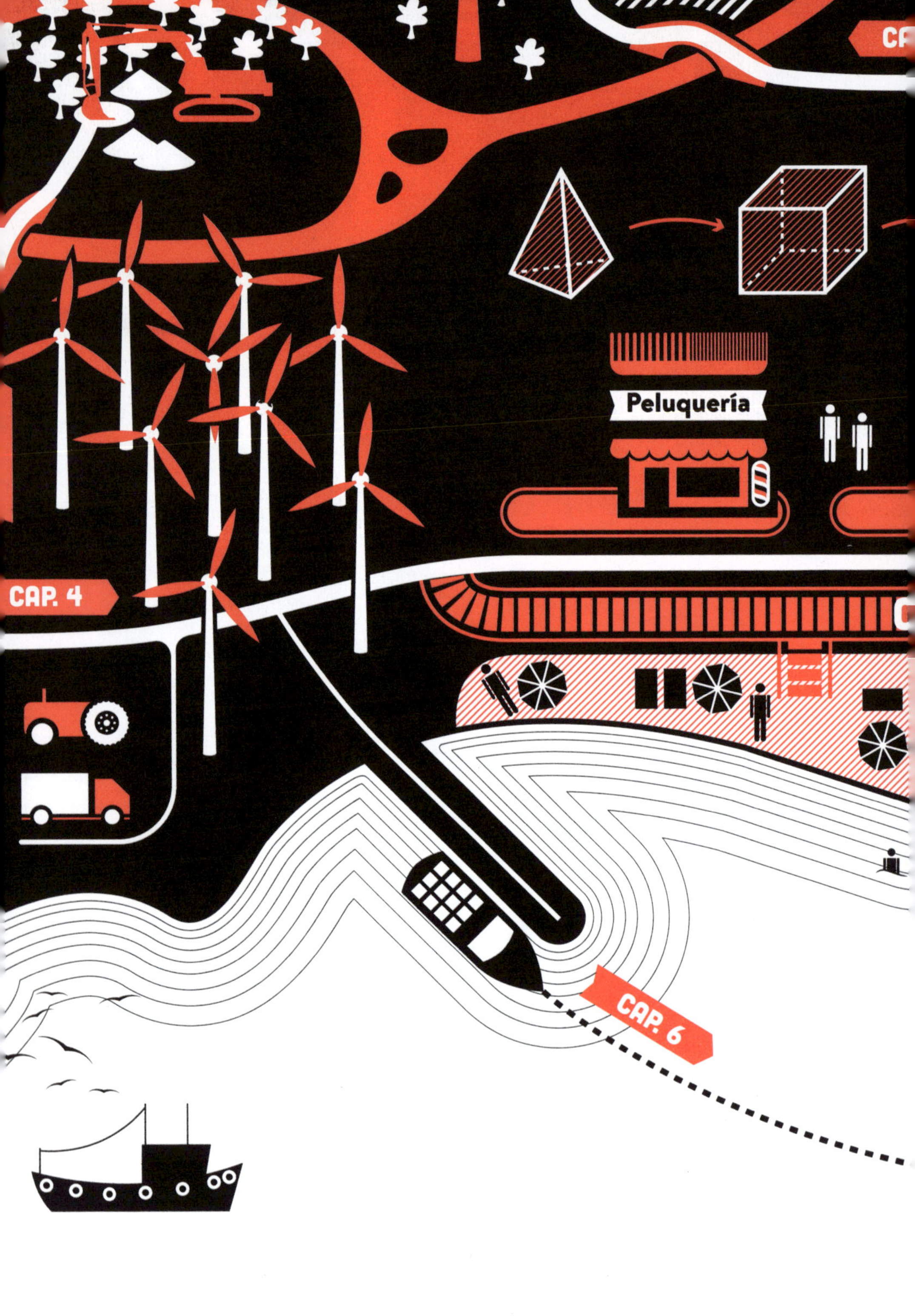

CAP. 4
Peluquería
CAP. 6

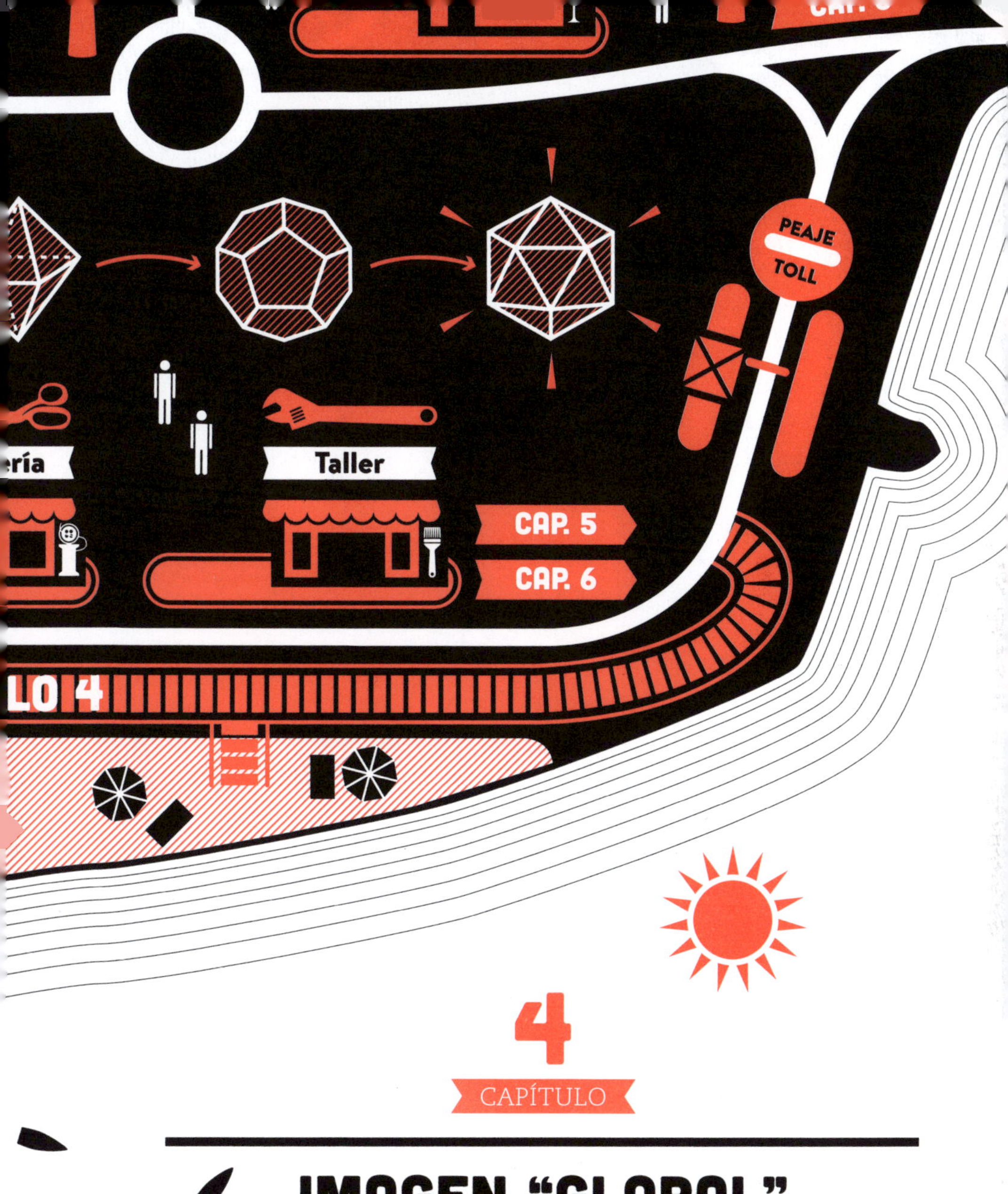

4
CAPÍTULO

IMAGEN "GLOBAL" CORPORATIVA

IMAGINA ESTA ESCENA:

Hace años que Leire es fiel seguidora del trabajo de una ceramista llamada Clara León. La sigue online, pero nunca ha tenido la oportunidad de verla en persona y mucho menos de cumplir su sueño de hablar con ella.

Leire ha conseguido un trabajo mejor y se muda, y para celebrarlo e inaugurar su nueva vida, quiere comprar algo realmente especial que le recuerde ese momento. ¡Está ilusionada! Coge el teléfono y llama al contacto de la tienda online de Clara para consultar una duda sobre las condiciones de envío. Al otro lado del teléfono encuentra un mensaje robótico que le dice que espere. Cuando ya está a punto de colgar, por fin responden. Parece que no es Clara, y entiende que sea así; pero la persona que la atiende no sabe de qué pieza del catálogo le está hablando y la conversación acaba resultando un tanto incómoda. Al final, consigue aclarar su duda.

La experiencia no ha sido muy agradable, pero le hace tanta ilusión que decide seguir adelante con su compra. Al intentar efectuar el pago, la página se cuelga dos veces, al final, le aparece un mensaje que dice que se han agotado las existencias de la ensaladera que ella quería. ¡Oh...! ¡No puede ser! Leire se siente muy decepcionada.

A las dos semanas, casualmente se celebra un mercado de *makers* cerca de su casa, donde su ceramista favorita tendrá un estand. ¡Qué gran oportunidad de conocerla! Se olvida del mal momento en la tienda online y decide acudir. ¿Será tan especial como ella cree por los textos que lleva meses leyendo en su blog? ¿Y sus piezas serán como en las fotos?

¡Por fin llega el gran momento! Leire ya está en la feria, pero el castillo de naipes vuelve a derrumbarse: mientras Leire le decía cuánto admiraba su trabajo, Clara León no le ha dedicado ni una sonrisa. Y para colmo, ha tenido que quedarse la segunda pieza que le ha gustado porque la primera tenía una tara. Además, le han entregado la taza que ha adquirido en una caja sencilla (no como la que salía en el web), y esta, a su vez, en una bolsa todavía más desangelada.

Después de leer esta pequeña historia sobre la experiencia de Leire, ¿qué crees que pasó? ¿Volvió a comprarle a la ceramista? ¿Recomendó a sus amigos que lo hicieran? La respuesta es evidente, ¿no te parece? **No hay una segunda oportunidad de causar una primera impresión.**

Este ejemplo permite hacerse una idea de lo que significa la palabra global en el título de este capítulo. Cuando se habla de imagen corporativa se suele hacer de una manera demasiado restrictiva, refiriéndose solo a la imagen gráfica y audiovisual, que sin duda tiene mucha importancia, pero olvidándose demasiado a menudo —o tratándolos de manera accesoria o como parte de otras áreas— del protocolo de atención al cliente (normas de cortesía, imagen personal, tono, lenguaje corporal...) y de la experiencia de compra. Ambos son aspectos que, de manera conjunta, determinan la vinculación con una marca, la decisión de compra de un producto o servicio, su recomendación y, lo que es más difícil, la repetición de ese acto (la adquisición de un producto o servicio) tan transcendental para un negocio.

———

"Un sueño es algo muy frágil, pero también puede ser lo más poderoso del mundo."
MARC ALLEN

———

Si en la mayoría de los negocios la cita "el demonio está en los detalles" es cierta, en el mundo *maker* es más verdad todavía, ya que la etiqueta "hecho a mano" la lleva implícita. Es justamente lo que busca tu cliente: mimo y cuidado en todo el proceso que te he descrito en el ejemplo. No importa si te encuentras solo llevando tu negocio o tienes un equipo; esta debe ser la consigna a seguir para cada una de las personas, herramientas y materiales online y offline que integran tu marca.

Aunque pueda parecerlo, mi objetivo con esta introducción no es que te obsesiones por controlarlo todo y busques una perfección que no existe, pero sí que recuerdes la importancia del conjunto y del detalle a la vez de ser coherente y consecuente en todo; es el mensaje fundamental que preside esta guía. Debes buscar el equilibrio y la proporción entre las distintas áreas de tu negocio, y evitar una inversión exagerada en una parte de la empresa que deje desatendido al resto. **Según tu presupuesto, deberás elegir bien dónde y cómo invertir siguiendo una buena planificación, con acciones pensadas para aplicar a corto, medio y largo plazo, para que, poco a poco, todo vaya tomando la forma que deseas.**

Con esto, quiero decir que si, por ejemplo, tienes la idea de vender tu producto utilizando un *packaging* de ensueño, antes de invertir en ello pienses en su repercusión negativa en tus creaciones y en tu negocio. Tomar una decisión así, en caliente, puede llevarte a una inversión excesiva, que aporte menos de lo que creías a la presentación de tus creaciones y, por ejemplo, impida que en la próxima feria puedas montar un estand en condiciones y esto te cause tanta angustia que no te deje atender el estand con el ánimo debido y acabe surtiendo el efecto contrario al deseado, limitando tus ventas.

Cometer errores de este tipo tiene mucho que ver con uno de los hándicaps propios del *maker* que te comentaba en el capítulo 1: a veces nos preocupamos en exceso y de manera casi obsesiva por la estética. Yo misma me he pasado noches sin dormir por este motivo, como si un detalle puramente formal fuera el fin del mundo, y luego me he encontrado con que mi cliente ha destacado de su compra lo amable y sonriente que he sido y cómo le he escuchado, y la gracia con la que estaba puesta una cinta, la misma que a mí me horrorizaba porque pensaba que no tenía una calidad excelente.

———

"Por primera vez, la gente tiene el poder que antes tenían la Iglesia o las corporaciones."
ALBA DELGADO

———

El producto es importante, pero no olvides nunca que el porcentaje de ventas que generaría por sí solo sería insignificante comparado con lo que consigues enfocando en su conjunto los diversos aspectos de su comercialización.

Una vez más, en este capítulo no vas a encontrar detalles de cómo debería ser tu imagen corporativa en cuanto a colores, formas, formatos, herramientas y demás, sino una guía general de aquellos aspectos que debes tener en cuenta a la hora de diseñarla si lo haces por cuenta propia, o si contratas a un profesional, que es mi recomendación.

Si recuerdas, uno de mis consejos sobre la estructura general de tu negocio es que tengas nociones de las diferentes áreas de tu empresa para que, cuando llegue la hora de ampliar equipo o contratar a profesionales externos, puedas delegar con confianza y a la vez evaluar si las cosas se están haciendo como deberían y como tú quieres.

TU MARCA ERES TÚ, HOY MÁS QUE NUNCA

Ahora que ya sabes de la importancia de la imagen corporativa y de que esta sea pensada y diseñada desde un punto de vista global, quiero explicarte cuál es el centro de esa esfera que te he dibujado: tú.

Tú y tu equipo (el *maker*, principalmente) sois igual de importantes que lo que vendéis. No te sorprenda: lo que diferencia tu marca eres tú, incluso más que tus productos o servicios, que, como reflejo de ti, también evolucionarán contigo a lo largo de los años. Las razones ya las comentábamos en el capítulo 2, pero no está de más subrayarlas.

Eres tú y tu manera de ser lo que se traduce en un objeto o en un método o manera de hacer. La suma de lo que tú eres (qué piensas, cómo te sientes, qué has vivido, tus conocimientos, creatividad, tu habilidad técnica y tu trabajo) da como resultado una serie de objetos únicos, y esto, nada más y nada menos, es precisamente lo que distingue el "hecho a mano" de una producción industrial.

¿Recuerdas a las personas de las que te hablaba al inicio de este libro, que trabajaban con sus manos en una fábrica? Efectivamente es un trabajo manual, pero en ese caso la persona que crea lo hace de manera mecánica y sin dejar su impronta en lo que tiene entre sus manos, por más habilidosas que estas sean.

***Artesanal* es un adjetivo que contiene la esencia de las personas que lo hacen posible.**

En lo que respecta a la imagen corporativa, que tu marca seas tú conlleva algunas obligaciones personales: el cuidado de tu aspecto cuando tu imagen quede expuesta al público a mayor o menor escala, el desarrollo de tus habilidades comunicativas y de las estrategias de relaciones públicas si participas en charlas, cursos y eventos, etc. Tal vez ya cuentas con ello y no seas tímido o introvertido como la mayoría de los *makers*. Si es este tu caso, tienes mucho ganado y no necesitarás esforzarte en este sentido. Pero, si es así, lo cierto es que representas a la excepción que confirma la regla.

Lo más seguro es que te incomode sentirte no solo el representante de una marca, sino LA marca en sí. Yo misma siempre he sido tan tímida y he tenido un sentido del pudor tan elevado que he tenido que librar una gran lucha interior para dejar de sentirme como si fuera un producto o, lo que es peor, una mercancía. **Pero al final, y como casi siempre sucede, el problema no es la palabra en sí misma, sino el significado y la interpretación que queramos darle.** Por fortuna, hace ya un tiempo que me he dado cuenta de que se trata "nada más y nada menos" que de dejar a un lado nuestros prejuicios y los de la gente que nos rodea, reeducarnos y educar a nuestros clientes si es necesario.

La palabra *marca* puede ser una etiqueta menos pesada de llevar de lo que imaginas, y te contaré cómo he llegado a esta conclusión.

Porque al final no se trata tanto de ti, sino de lo que puedes aportar a las personas y al mundo con tu trabajo y lo que este representa.

"La razón por la cual la gente se está alejando de la masa es para poder comprar más cosas. Los bienes materiales y el comercio no son el objetivo, son simplemente una consecuencia. El objetivo es la conexión."
SETH GODIN

Casi toda mi vida como artesana he pensado, de una manera casi obtusa, que lo importante era crear un producto técnica y estéticamente perfecto y que, si lo conseguía, se vendería por sí solo. Me costó asimilar que hace ya tiempo que este paradigma dejó de ser válido; he aquí otro ejemplo de la importancia del reciclaje continuo. Como muchas otras personas de mi generación y anteriores, heredé este pensamiento de mis padres y abuelos, y algo tan enraizado cuesta mucho de modificar si no te abres al cambio. Lo que ahora tengo claro, después de muchas evidencias, es que el grado de evolución al que hemos llegado y el altísimo nivel de competencia es algo que casi ha dejado obsoleto este modelo, y aun en los casos en los que todavía se dan estos "productos perfectos", nunca se venden solos: deben hacerlo personas capaces de transmitir confianza.

Porque ¿qué es lo que hace que me decida a comprarte a ti un juego de copas de cristal y no a otro profesional del vidrio de tu mismo nivel? Estoy convencida de que las piezas están muy bien hechas y de que ambos habéis puesto mucho mimo en ellas, por lo que el motivo que haga que me decida por una de las dos opciones, o incluso por una tercera de fabricación industrial, no va a ser una cuestión práctica, sino emocional. Mi decisión vendrá dada por la conexión que establezca contigo: si noto que me escuchas; si te conozco de antes; si me ha recomendado tu trabajo alguien de confianza; si tengo una urgencia y me la puedes servir antes; si el *packaging* protege el cristal y además me seduce; si has salido en prensa o en los medios de comunicación... Un conjunto de información que, consciente o inconscientemente, me hará disfrutar de la experiencia al percibirte a ti, en la filosofía que transmites como artesano y empresario, y el cuidado y empeño que pones en todo.

Si te das cuenta, a todos nos acompaña una marca, o varias, en el ámbito laboral pero también en el personal. Para tu grupo de amigos, tu nombre, aun cuando no estás presente, representa una serie de valores, positivos y negativos.

Seguro que cuando eras estudiante, en algún momento participaste en la elección de alguna persona o tú mismo fuiste elegido como delegado de clase o nuevo integrante de un equipo deportivo, y la decisión siempre fue en función de las aptitudes y cualidades personales. Cuando empezaste a salir con tu pareja fue porque te enamoraron su manera de ser, sus gustos y sus valores. Y la última canguro que contrataste te transmitió confianza, vocación y alegría, y por eso dejaste que formase parte de la vida y educación de tus hijos.

Elegimos y nos eligen, y se establecen conexiones, en función de quiénes somos y cómo actuamos. Así es como funciona la naturaleza humana; no estamos inventando nada.

En este sentido, el *maker* y, por extensión, su trabajo conectan especialmente con aquellos nuevos consumidores que se muestran mucho más responsables y que ya no buscan "solo" un producto, un precio o acumular cosas, sino una experiencia, un valor añadido; un porqué, cómo se hizo, quién, qué pasará con el objeto cuando se acabe su vida útil o quién ha creído antes en él.

¿Qué te parece este punto de vista? ¿Te resulta más interesante este concepto de marca?

Lo más importante en lo referente a la imagen corporativa, y el motivo de este capítulo, es lograr que esta hable de ti y te represente, y no al revés. No debes buscar una imagen y encajar en ella: debes encontrar, traducir y mostrar la imagen que más te favorezca o la mejor versión de ti mismo, y potenciarla a través de colores, formas, textos, imágenes…, pero sin sentirte falseado o representando un papel; de otro modo, la impostura funcionará un tiempo, pero irán apareciendo grietas de credibilidad y se acabará desmoronando.

Esto no significa en absoluto que no haya margen para cambios. No solo tienes todo el derecho del mundo de hacerlos: es que serán parte inevitable de tu evolución. Pero, claro está, deberás aplicarlos de una manera meditada y analizando las consecuencias.

En cualquier caso, recuerda que dar la imagen que quieres y llegar a tus clientes ideales lleva tiempo y exige paciencia y mucho trabajo. Pero lo más importante es ¡que se puede hacer!

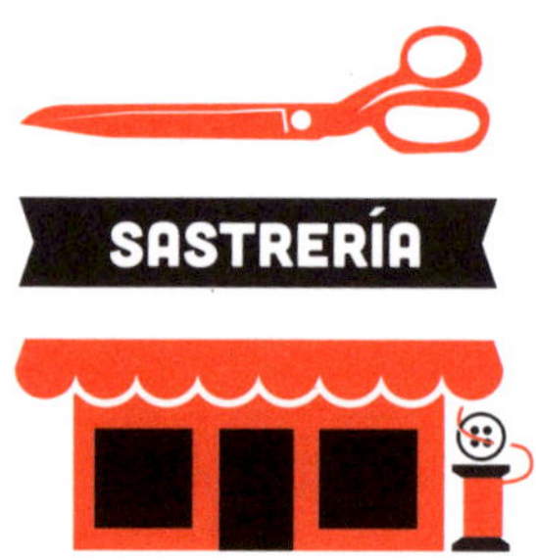

EL NOMBRE DE TU MARCA

Volvamos a la imagen corporativa de tu negocio y empecemos por el principio: el nombre.

Te has documentado y has buscado ejemplos, tienes claro el producto y el servicio, la estética general de tu negocio, el tipo de *packaging*... ¡pero no encuentras un nombre que te vaya como anillo al dedo! Estás paralizado porque, si eliges uno, crees que tendrá que ser para siempre jamás y que no habrá marcha atrás si te arrepientes.

Dicen que las mejores ideas nacen en la ducha... ¡porque nos relajamos! No te mentiré: la verdad es que esta sensación de irrevocabilidad tiene su fundamento. Si bien en los inicios un cambio no es muy grave porque te conoce e identifica por él poca gente, conforme tu fama va creciendo, la transición hacia un nuevo nombre, aun siendo posible, no es fácil. Si no lo haces bien, por el camino corres el riesgo de perder parte de la comunidad de seguidores y clientes que te acompañaban.

Este problema desaparece si te decantas por una marca personal, pero tomar esta elección tiene también sus pros y sus contras.

¿MARCA PERSONAL O MARCA COMERCIAL?

Si tu marca eres tú, tiene mucho sentido que tu negocio lleve tu nombre, o lo que se da en llamar marca personal. Pero esta fórmula no es siempre viable, como sería el caso de los negocios formados por más de un creador, y, por eso mismo, puede ser un obstáculo si incorporas a otros *makers* como socios de tu negocio.

Aunque pueda parecerlo, optar por una marca personal no implica en ningún caso que tu negocio no pueda crecer o que no tenga futuro una vez desaparecida la persona que la originó. Como debes de haber visto, es muy habitual que haya marcas de este tipo en grandes empresas que tuvieron su inicio en una sola persona y que luego fueron creciendo y cambiaron incluso de manos, u otras que, manteniendo la filosofía y dirección creativa que marcó su fundador ya desaparecido, siguen utilizando su marca personal generación tras generación.

Estas son solo algunas de las características de la marca personal, pero veamos otras más:

■ Tu presencia será más requerida en la imagen y comunicación de tu negocio.

■ Puedes cambiar de producto o servicio e incluso de sector.

■ Perderás tu anonimato. Según tu carácter, esto puede ser un pro o un contra, puesto que del lado positivo está el hecho de que establecerás una conexión más rápida con los que comparten tus valores. Recuerda, no obstante, que nunca podremos gustar a todo el mundo y esto es algo que debes aprender a gestionar desde un inicio.

■ Más autoconocimiento, algo positivo para ti y para tu empresa. Tienes que conocerte a ti mismo muy bien para saber transmitir a tus clientes ideales los rasgos de ti que quieres que identifiquen tu marca personal, a través de los diferentes canales de comunicación "global" de tu empresa. Si ya es de por sí importante para el buen funcionamiento de tu negocio que conozcas tus fortalezas y debilidades, conocimientos, habilidades y valores, en este caso lo es más todavía, por ejemplo, para que no te afecten las críticas que inevitablemente vendrán.

■ Menos margen de error. Debes ser coherente y consecuente y practicar el ejercicio de la diplomacia sin dejar de ser tú mismo. Habrá momentos en los que tendrás que tomar decisiones difíciles, como enfrentarte a un plagio o a una crítica, apoyar una causa... Es muy difícil corregir según qué errores, como las falsas promesas o las mentiras, que quedarán indefectiblemente asociadas a tu persona.

■ El cara a cara será tu prueba de fuego. Pero no debes tomártelo como un examen; de nuevo, sé tú mismo. Con la práctica te irás sintiendo más y más cómodo. En lo que concierne a tu imagen, por ejemplo, recuerda aquí también ser coherente. No puedes aparecer en tus fotos con una estética y un lenguaje muy cuidados, y no presentarte en público de igual manera. Ahora ya sabes más sobre la marca personal, pero quizás prefieras trabajar bajo una marca comercial. Empecemos por el principio.

Mi recomendación principal es que, entre un nombre genérico y uno específico, elijas el primero.

Cuando llegue el momento de tu selección final intenta que tu nombre no sea demasiado limitador. Cuántos *makers* se arrepintieron de haber elegido un nombre que llevaba la palabra *crochet* porque empezaron trabajando en ganchillo, y después se pasaron al papel.

No hace falta decirte que, si tienes presupuesto, invertir en el *naming* y en tu imagen corporativa no es algo accesorio. Si es este tu caso y esta parte no es tu fuerte, no pierdas tu valioso tiempo y ve avanzando en otras áreas de tu negocio mientras los profesionales que contrates te preparan algunas propuestas. Pero no olvides que, aunque delegues en ellos, también tendrás que poner de tu parte: necesitarán mucha información sobre ti y tu negocio para traducir tu visión a una forma gráfica y visual óptima.

"Lo raro se está volviendo más normal... La comunidad que elijas puede ser un espejo y un amplificador, impulsando tus intereses y animándote a ir más allá."
SETH GODIN

Si has descartado utilizar tu propio nombre y no dispones de recursos financieros suficientes para contratar a este tipo de profesionales, estos son algunos consejos para ayudarte en tu búsqueda:

- **Pregunta a tu círculo cercano.** En el capítulo 1 te recomendaba que hicieras un pequeño estudio de mercado entre los que crees que responden al perfil de tu cliente ideal. En él también te invitaba a que hicieras un test sobre el terreno para poner a prueba tus productos y alguna de las tareas propias de tu negocio.

La información que te aporten estas dos experiencias es una buena base para trabajar el nombre de tu marca. Suele pasar que tú estás tan inmerso en tu mundo que todo te suena igual, y eres incapaz de elegir ninguna propuesta.

¿Qué palabras utilizan tus clientes para describir tu trabajo? ¿Destacan alguna cualidad en concreto de tus piezas o de tu persona?

- **Tormenta de ideas.** Déjate llevar y tómatelo como un juego; si no, esta técnica tan habitual pero a la vez tan útil no funcionará. Comparte ideas con tu equipo; pero si estás solo, pide ayuda a personas de tu círculo cercano y, a ser posible, a otras que estén fuera de él, que tendrán la distancia necesaria para darte un punto de vista externo y menos contaminado por la emoción e implicación.

Puedes partir de tus palabras o frases y las que recogiste de tu público. Mejor no se las enseñes a las personas que te están ayudando, para no condicionarlas. Escribe las palabras en *post-it* adhesivos y ve pegándolas en una pared. Después ¡juega con ellas!

■ **Testea.** Elige dos o tres opciones y enséñaselas a posibles clientes y pregúntales qué les sugieren sin condicionarlos. Muestra las palabras escritas de la misma manera para no contaminar el mensaje con colores o tamaños. Fíjate en si los adjetivos que utilizan cuando describen lo que les evocan coinciden con lo que tú quieres transmitir.

Puedes hacer preguntas como: este nombre ¿te da confianza? ¿Te evoca la idea de caro o de barato, de calidad o de nivel medio?

Con estas orientaciones externas, ¡ahora solo te queda tomar la decisión final!

REGISTRO DE MARCAS, DISEÑOS, MÉTODOS...

Actualmente, el registro de una marca se ha complicado un poco, no tanto por el trámite, que también, sino por todo lo que supone la reserva del nombre en dominios de internet y redes sociales... En internet no hay fronteras y ya hay millones de marcas con propietario. De ahí que la oferta de extensiones de dominios no deje de crecer.

Tener el mismo nombre en todos los canales donde tengas presencia online es lo ideal, pero si no puede ser, una vez más te tocará ser creativo.

Debo recordarte y remarcar que comprar un dominio o tener tu marca en una red social no equivale a tener los derechos legales sobre la misma. Para ello, solo el registro oficial tiene validez. En un posible juicio sobre derechos de marca sí puede ayudarte si el que la reclama tampoco la tiene registrada, pero si realizó este trámite, tendrás las de perder.

El mayor problema en este sentido lo tienen los negocios por cuenta propia o *freelance*, ya que en muchos países tributan como personas físicas y no como empresas. Otro tipo de negocios sí constan con un nombre comercial, que pueden utilizar como marca o no, en un registro público. Aunque formar parte de este fichero no significa haber registrado tu marca, siempre tiene más peso a nivel legal que cualquier presencia online con tu nombre comercial.

En la mayoría de los casos, registrar una marca no es difícil ni tiene un alto coste, aunque el trámite puede llevar un tiempo hasta que se verifique que no hay otra con el mismo nombre. Las complicaciones y el gasto económico vienen cuando la marca que deseas ya tiene propietario o la quieres registrar a un nivel nacional e internacional y en sectores industriales diferentes, para que solo se asocie con un tipo de producto. Por ejemplo, la marca Vivo puede servir igual para una empresa de zapatos que para una compañía de telefonía. Si no quieres que nadie la utilice, tendrás que pagar por cada uno de los sectores que existan.

La vigencia de tu registro dependerá de aquello que quieras proteger: un nombre, un logotipo, un método, un diseño, una fórmula... En algunos casos se puede renovar, y en otros, existe un límite temporal máximo que, una vez superado, libera los derechos para uso público. Si esto te preocupa, existen dos opciones: sacarle el máximo provecho económico durante el periodo de validez, o no registrarla y guardarla a buen recaudo, como el secreto de la Coca-Cola.

Dependiendo del país donde vivas, tú mismo podrás gestionar tus registros, incluso hacerlo online; en otros, tendrás que encargarle el trámite a un gestor o abogado.

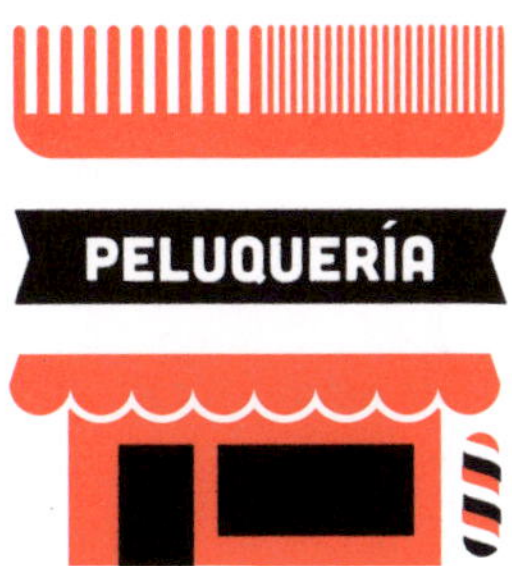

LA IMAGEN GRÁFICA DE TU MARCA: EL LIBRO DE ESTILO

A nivel gráfico, los elementos que definen tu marca son tu huella digital profesional y el logotipo (tu nombre) y/o isotipo (el símbolo) son los principales representantes, aunque no los únicos que deben aplicarse a todo aquello que hable de ti: papelería, sitio web, vídeos promocionales...

Como *maker* y dando por sentado tu sensibilidad y alto sentido estético, creo que no hace falta que insista en la gran relevancia de tu imagen gráfica como escaparate de tu negocio. A modo de pequeño dato significativo, te diré que procesamos las imágenes hasta 60.000 veces más rápido que los textos, lo que hace que, entre otras cosas, se compartan más los mensajes con imágenes o vídeos en las influyentes redes sociales que los mensajes que solo contienen texto. Algo que, aun a riesgo de parecer frívolo, no es nada desdeñable, ya que cuando son de calidad son fácilmente susceptibles de hacerse virales, lo que se traduce en una manera muy económica de llegar a muchos posibles clientes.

Cabe advertir que, como en el caso de la elección del nombre de una marca, es difícil conseguir un guante que nos ajuste bien desde el principio, puesto que tu proyecto a veces necesita cierto tiempo para madurar. Una vez más te recomiendo que relativices, y sigas la máxima "progress not perfection", porque lo importante es empezar y después ir avanzando y mejorando, respetando unos mínimos de exigencia, eso sí; no vale cualquier cosa, igual que tú no eres cualquier persona ni te diriges a cualquier público.

También puede ocurrir que te enamore tu imagen inicial y al cabo de los años sientas que ya no te representa. La buena noticia en este sentido es que se recomienda ir renovándola sin perder una línea identificable, para que, igual que tú, tu público no se canse de ella. La realidad es que son muy pocas las marcas que se han mantenido apenas inalteradas con el paso de las décadas.

Te contaré cómo aprendí yo esta gran lección. Una vez alargué innecesariamente el lanzamiento de un proyecto porque no me gustaba su imagen gráfica. Estaba tan angustiada que casi me gasto una fortuna que no tenía en pagar un diseño. Entonces, la diseñadora, con toda la generosidad del mundo y demostrando una gran profesionalidad, me hizo darme cuenta de que había grandes marcas con logos sencillos e incluso feos. Que la gente, si está contenta con el producto o servicio y hay otros medios que dan buena imagen de él (catálogo, fotografías de muestra, servicio de compra online…), no repara tanto como creemos en la identidad gráfica de la marca. Me dijo que tenía un cierto margen para hacer cambios, pero que además, con el paso del tiempo, era yo la que debía aplicarlos para renovar la imagen de manera integral. ¡Nunca le podré agradecer suficiente el consejo que me dio!

———

*"No somos máquinas de pensar que sienten;
más bien somos máquinas de sentir que piensan."*
ANTONIO DAMASIO

———

Pero vayamos al grano: ¿qué es un libro de estilo gráfico y qué debe contener? **Un libro de estilo es una biblia corporativa, el lugar donde deben quedar recogidas las pautas de uso de tu imagen gráfica y visual (aunque también existe la sonora, para negocios que tienen una presencia audiovisual en el mercado), con el fin de crear una identidad rápidamente reconocible.** Para que esto sea así, es muy importante que tú y tu equipo respetéis estas reglas desde el departamento administrativo y contable — utilizando el logo en facturas, cartas e emails—, pasando por tu sitio web y redes sociales, hasta llegar a las campañas de publicidad.

Una vez más, si piensas en ello desde el inicio y no improvisas, habrás ganado mucho tiempo y energía y ayudarás a tu empresa a crecer más rápido.

Si, como te decía, el logotipo y/o isotipo (o sus combinaciones) son la base de tu marca gráfica, este será el protagonista de tu manual. Tanto si lo haces tú, porque tienes conocimientos para ello, o lo encargas a un diseñador gráfico, debes tener muy en cuenta:

■ **La legibilidad del nombre.** Es importante que se lea bien para que la gente recuerde tu marca. Se recomienda el uso de mayúsculas, aunque no es imprescindible.

■ **Que sea escalable.** Y no solo por legibilidad: por visibilidad y adaptabilidad. Deberás aplicar tu sello a tus creaciones y a todo lo que deba ir marcado con tu identidad, por lo que deberá tener adaptaciones a los distintos formatos y soportes. En cualquier tamaño, debería verse lo más nítido posible, tanto el logotipo entero como el signo que lo representa.

■ **Que sea un diseño original en formato vectorizado,** que será lo que permita la escala hacia arriba o hacia abajo.

A partir del logotipo, en tu manual debe aparecer:

■ Adaptación en formato cuadrado y rectangular.

■ Adaptación en color (si se da el caso) y en blanco y negro.

■ Adaptación en positivo y negativo.

■ Imagen en alta y baja resolución para soportes online y offline.

■ Definición del color corporativo con un código Pantone. Aunque después imprimas en formato digital, siempre tendrás una muestra del color original al que debes acercarte lo máximo posible. En soporte online no hace falta que te preocupes demasiado, porque según la calibración de color de una pantalla, un rojo puede pasar de fucsia a granate.

■ Definición de la tipografía corporativa, tanto del logo como del *tagline*. Para mantenerla online deberás convertirla en imagen; si no, cada ordenador sustituirá la tipografía original por otra de que disponga, con lo que se modificará tu diseño. En formato offline deberás trazarla o enviarla en un PDF que no permita edición.

■ Un *moodboard*, o muro inspiracional, donde aparezcan imágenes que representen el mundo y valores que quiere transmitir tu marca.

■ Paleta de colores corporativos. De nuevo aquí te recomiendo que utilices los códigos de una pantonera.

Una vez lo tengas definido, llegará el momento de aplicarlo a:

■ La papelería: tarjeta de visita, papel de cartas, sobres, facturas, folletos y carteles.

■ *Packaging* o paquetería: bolsas, cajas, protectores, papel de regalo, etiquetas...

■ Fotografía y vídeo.

■ Sitio web.

■ Redes sociales: cada red tiene su formato y código propios. Es importante que tu marca se pueda adaptar a cada una de ellas.

FOTOGRAFÍA Y VÍDEO

Si anteriormente te comentaba que está demostrado que las imágenes nos atraen poderosamente, mucho más que un texto, no te extrañará que te diga que inviertas en ellas. Busca el equilibrio entre tu logotipo y tus fotografías y vídeos; pero si tienes que elegir, sin duda apuesta por estos dos últimos formatos gráficos. La impresión que causa una imagen es mucho mayor que un símbolo, y tus potenciales clientes primero verán y juzgarán el producto y su presentación, y después buscarán el origen o la marca.

Actualmente existen muchos bancos de imágenes de gran calidad, de uso libre o a bajo coste (verifica en qué formatos y medios se pueden utilizar).

No obstante, si quieres tener tu propia identidad, te recomiendo encarecidamente que, dentro de tus posibilidades, inviertas en buenas fotos o en tener las tuyas propias, aunque sean pocas; si no, corres el riesgo de que te confundan con otras marcas que utilizan los mismos recursos que tú.

Algo que debes tener en cuenta en estos dos formatos es la resolución de la imagen y su peso (tamaño de la información digital), según sea para uso online u offline. Esto determinará su tamaño óptimo para pantalla e impresión y el tiempo de carga.

En cuanto al formato en vídeo, déjame que te haga una mención especial, puesto que tiene mucho que ver con exponerse públicamente. Aunque no lo creas, es algo que también se puede aprender y perfeccionar. Si te animas a hacer tus propios vídeos, tienes a tu disposición cursos presenciales y online que conseguirán que te sorprendas de ti mismo con los audiovisuales que eres capaz de hacer.

Algo muy importante, y que debe convertirse en tu regla general, es que trabajes con profesionales en los que confíes y que te hagan sentir cómodo. Es parte de su trabajo darte esa confianza que a veces nos falta, sobre todo en los inicios.

TU SITIO WEB, TU CASA VIRTUAL

En el infinito mundo virtual, tu sitio web es la casa donde recibirás a tus invitados y posibles futuros clientes, el lugar donde podrás ser el perfecto anfitrión. Tu web es la única presencia online que realmente te pertenece

—y de la que debes guardar copias de seguridad—, porque el resto (redes sociales, aplicaciones, herramientas online…) no serán en la mayoría de los casos, y sobre todo si son servicios gratuitos, de tu propiedad; algo que sucede en el momento en que aceptamos las condiciones de uso de estos servicios —con aquel clic que hiciste sin leer el interminable documento de condiciones del servicio, escrito con letra menuda— y que les concede los derechos de uso de tus imágenes, textos, gráficos…

"Evolucionar no significa siempre mejorar."
MIKEL R. NIETO

Con esto solo quiero recordarte que hay cosas que tenemos, otras que pagamos por utilizar y otras que intercambiamos, y a la hora de gestionar nuestra imagen gráfica también debemos tenerlo en cuenta.

Mi recomendación es que cuides sobre todo de tu casa y utilices el resto como herramientas complementarias, muy útiles, pero teniendo muy en cuenta las restricciones que imponen sus condiciones.

En cuanto al diseño de tu casa virtual, no olvides nunca que tiene que reunir función y estética, debe ser una radiografía exacta de tu negocio. No caigas en la tentación de priorizar la estética, ya que de esta manera lo único que conseguirás es que tu posible cliente se quede maravillado al entrar en tu sitio web, pero no sea capaz de ver qué se vende, quién hay tras los productos o servicios, qué botón debe apretar para poder "comprar" una de tus creaciones o para localizar dónde están tus puntos de venta… **La palabra clave en este entorno es *usabilidad.***

Antes de lanzar tu web al mundo, es muy recomendable que la publiques en modo oculto y la pongas a prueba durante un tiempo entre personas de diferentes perfiles y edades. De este modo estarás a tiempo de aplicar cambios sin causar problemas de navegación a los visitantes.

Aquí de nuevo, y en términos de imagen gráfica, es importante que tengas en cuenta todo lo que se ha dicho en este capítulo y en especial todo lo relativo al libro de estilo. En el siguiente capítulo te seguiré hablando de tu sitio web como la potente herramienta de comunicación y ventas que es.

CÓMO LIDIAR CON LAS COPIAS. ¿ES MALO QUE TE COPIEN?

Coco Chanel lo tenía claro: si te copian, es porque lo haces muy bien. Yo comparto su manera de pensar, sobre todo porque es mucho más saludable y te roba menos energías.

Este es un tema realmente muy polémico que, por desgracia, he tenido el disgusto de experimentar. Pero precisamente por ello te recomiendo que no te preocupes en exceso por esta causa, porque puede resultarte demasiado perturbadora. Ten en cuenta que se trata de un mal inevitable, por muchas razones:

1. Porque vivimos en un mundo globalizado, e internet, que es tu principal herramienta de comunicación y de ventas, es a su vez una ventana abierta de par en par las 24 horas del día.

2. Porque, como te decía en el inicio del capítulo 2, inevitablemente bebemos de las mismas fuentes y recibimos influencias similares, y es cada vez más fácil que lleguemos a las mismas conclusiones y más difícil ser realmente únicos. La frontera entre copia, versión e influencia es tan difusa a veces que buscar culpables es una tarea casi imposible, además de desgastadora.

Recuerda: lo que más te puede ayudar en este sentido es que busques tus fuentes de inspiración sobre todo en tu personalidad y tus vivencias, y lo menos posible en tu competencia.

3. Porque, a nivel legal, es muy difícil demostrar un plagio; a veces, la misma ley es tan abierta e interpretable que, en algunos ámbitos como en la moda, cambiar unos botones y colores ya pone en entredicho si se trata de una copia o no.

"Para ser irremplazable, uno debe buscar siempre ser diferente."

COCO CHANEL

En absoluto quiero decir con esto que debas renunciar a tus derechos —que los tienes, por modesta que sea tu marca— y conformarte con este tipo de abusos. A veces, la copia y el descaro son tan flagrantes, que es casi una cuestión de amor propio, más que de imponer justicia, tomar cartas en el asunto, aunque tengas que lidiar con grandes empresas y sepas que tienes la batalla casi perdida.

A este respecto, te diré que utilices las redes sociales con templanza. En caliente, puedes llegar a decir cosas antes de tiempo y sin todas las pruebas en la mano, y después será muy difícil retractarte. Esta regla la puedes aplicar al resto de tus comunicaciones públicas.

Me repito, lo sé, pero salvo algunas excepciones, creo que es mejor sortear los conflictos y destinar la energía a seguir adelante, creciendo según nuestros criterios. Para ello, puedes tomar algunas medidas disuasorias, como serían avisar de este hecho al posible infractor y solicitar la retirada de la copia; pero, en cualquier caso, valora el coste que tus reacciones pueden tener para ti e intenta no robarle mucho tiempo a tu trabajo y a tu vida con ello.

MINIDOSIS

—

¿TE SIENTES CÓMODO LLEVANDO LA ETIQUETA *MARCA*? ¿Y TENIENDO UNA IMAGEN PÚBLICA? SI ES QUE NO, ¿QUÉ CREES QUE PODRÍAS HACER PARA VIVIRLO MEJOR?

—

¿CON QUÉ VALORES CREES QUE TE ASOCIA EN GENERAL LA GENTE?

—

¿QUÉ TIPO DE IDENTIDAD PREFIERES PARA TU NEGOCIO: UNA MARCA PERSONAL O UNA MARCA COMERCIAL? SI ES UNA MARCA PERSONAL, ¿ESTÁS DISPUESTO A ASUMIR TODO LO QUE ELLO SUPONE?

—

¿CUÁL ES EL ORGANISMO OFICIAL EN TU PAÍS PARA EL REGISTRO DE MARCAS, DISEÑOS...?

—

¿CUÁLES SON TUS REFERENTES? ¿QUÉ TIENEN EN COMÚN? ESTA INFORMACIÓN SERÁ MUY ÚTIL PARA TI, PERO SI ADEMÁS SE LA MUESTRAS A TU DISEÑADOR WEB, ¡AHORRARÁS MUCHO TIEMPO Y DISGUSTOS!

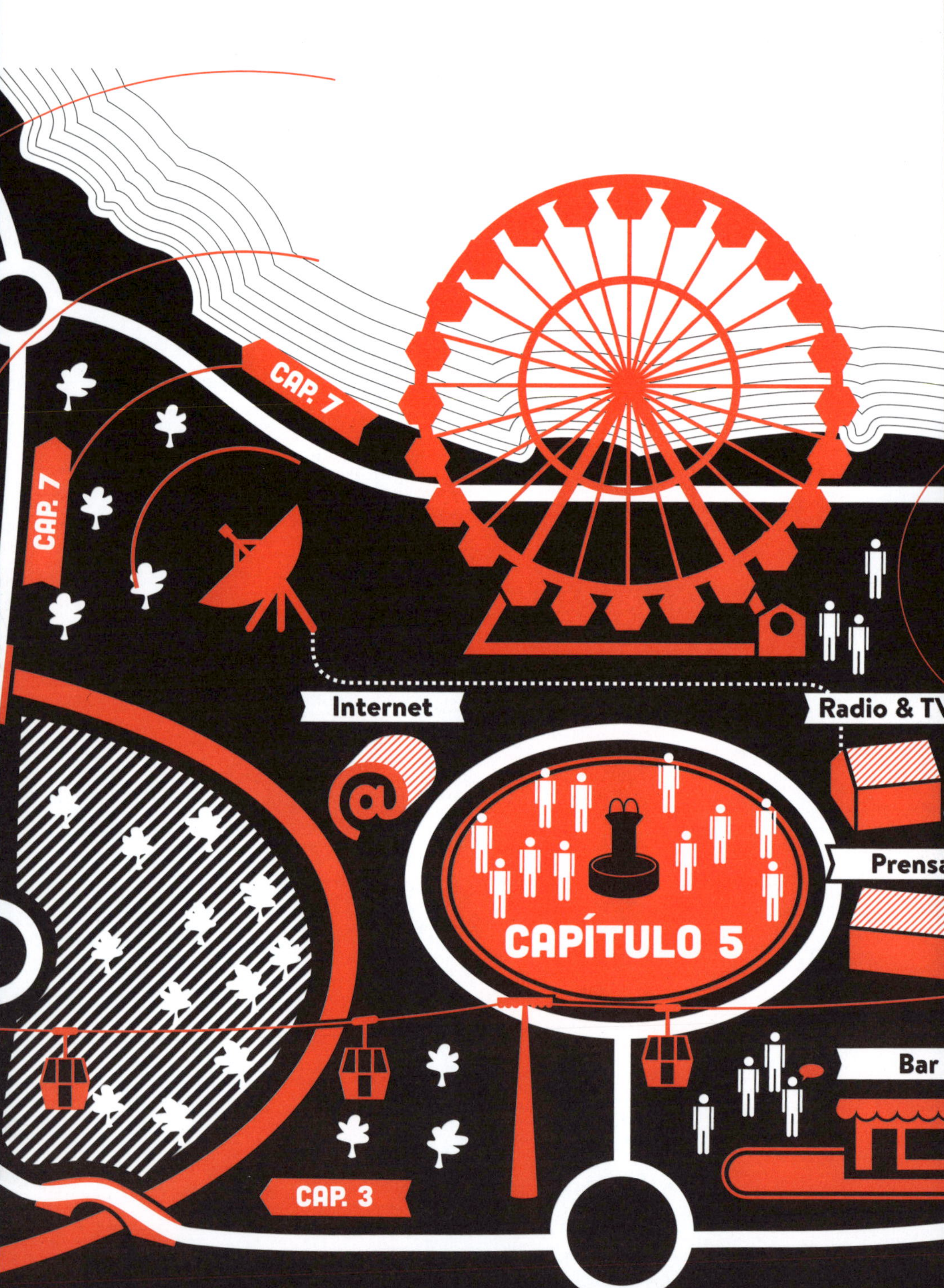

CAP. 7
CAP. 7
Internet
Radio & TV
@
CAPÍTULO 5
Prensa
CAP. 3
Bar

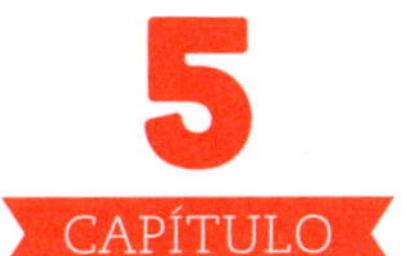

COMUNICACIÓN: COMPARTE Y SÉ GENEROSO

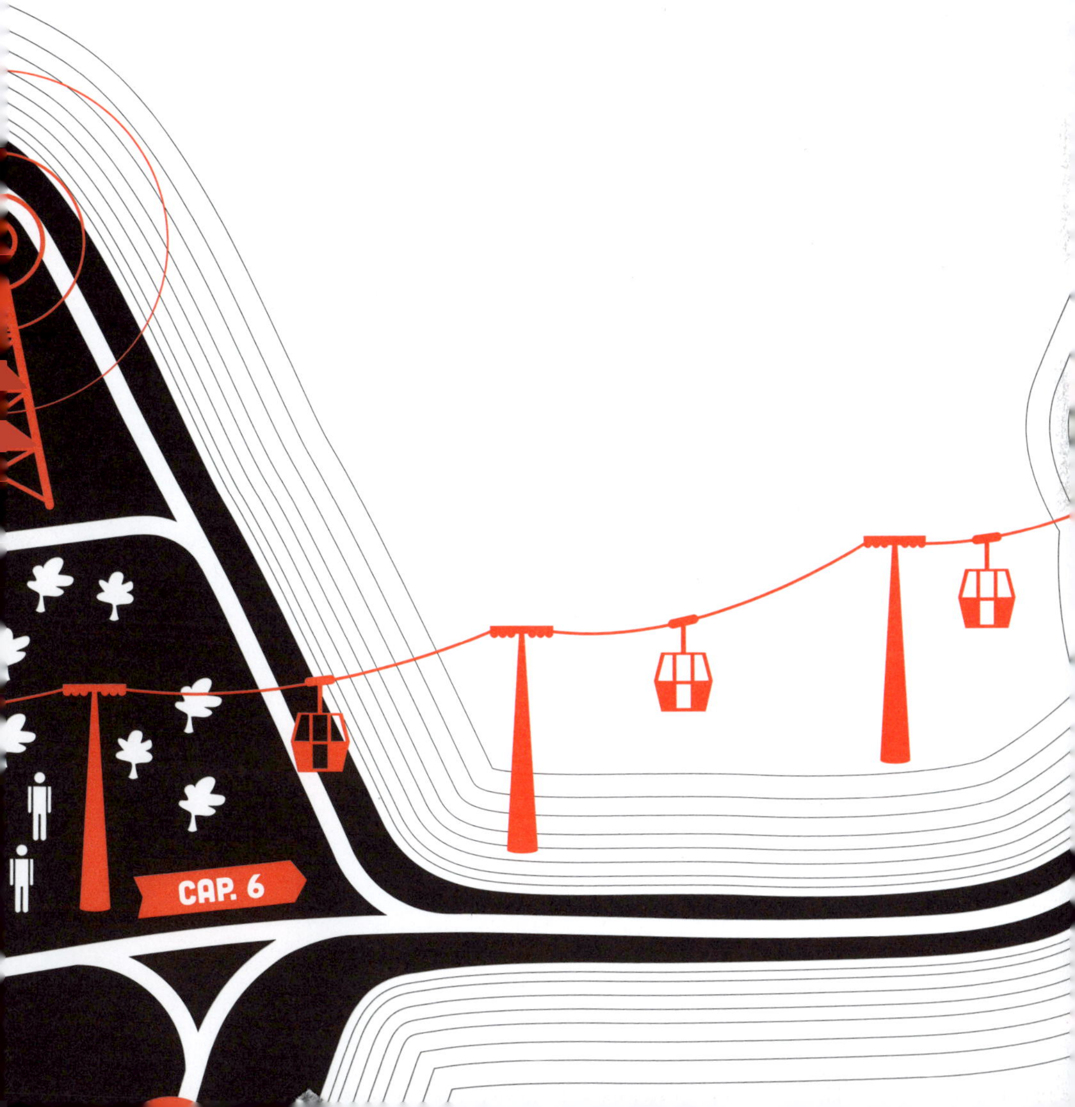

Me ha costado mucho establecer una separación entre este capítulo y el siguiente, dedicado al tan temido —y a la vez tan crucial— tema de la comercialización. La frontera entre uno y otro realmente es muy difusa. Aunque esta fluidez podría extenderse al resto del libro; la estrategia de comunicación de tu negocio, tu conversación con el mundo afecta y debe vincularse a todas las áreas de tu negocio. Por este motivo, a lo largo de este capítulo, iré repitiendo los mismos conceptos sobre comunicación, publicidad y relaciones públicas, pero siempre abordándolos desde un nuevo punto de vista en función del aspecto de tu empresa al que aludan.

Aunque lo que voy a contarte te parezca reiterativo, te recomiendo no perder ni un detalle. Como dice Chema Carrasco, periodista, agitador de conciencias y formador, **"sin comunicación y publicidad ya puedes ser Picasso haciendo cerámica, que no venderás nada. Hay 357 otros *makers* haciendo productos parecidos"**. Y así es: si la comunicación falla, tanto en las distancias cortas como en las largas, no hay ventas, por más extraordinario que sea tu trabajo. Esta es la realidad.

Estas son las fases que tu negocio deberá superar y que deben guiarte a la hora de establecer una estrategia de comunicación:

- **Primero:** los clientes deben saber que existes; algo que parece evidente pero no lo es. Y deben encontrar fácilmente pistas que los lleven a ti y a tus productos o servicios.
- **Segundo:** les tiene que gustar lo que haces (tus productos o servicios) y cómo es tu negocio (qué ofreces y cómo lo ofreces).
- **Tercero:** deben confiar en ti, en la calidad de lo que vendes, en cómo lo envías, si llegará a tiempo, si estará dentro del presupuesto fijado, etc.

Todo en su conjunto debe aportar valor a lo que haces porque, sobre todo si te dedicas a la creación y venta de productos, sentirás la presión psicológica que siente tu cliente al poder comparar los precios de tus piezas con otras muy bien fabricadas. **Como te comentaba en el capítulo 3, la clave está en el valor, no en el precio.**

*"Encuentra tu voz, grítala desde los tejados,
y sigue haciéndolo hasta que las personas
que te están buscando te encuentren."*
DAN HARMON

Para conseguir superar con éxito estas tres fases necesitas reclamos que te permitan lograr el objetivo principal de todo negocio: vender.

Lo más probable es que te sientas incómodo hablando de ti y de tu trabajo. Seguramente te pasarán por la cabeza pensamientos como "Soy tan afortunado haciendo lo que hago que, con eso, ya me ha tocado la lotería. ¿Cómo voy a pedir que me compren?". **En primer lugar, borra de tu mente el verbo *pedir* y cámbialo por *ofrecer*, y recuerda que todo el mundo es libre de escoger. Y, en segundo lugar, si no vendes ya no te sentirás tan afortunado, porque no podrás seguir creando.**

¿Piensas que hablar de uno mismo es presuntuoso? ¿Te sientes un ególatra? Déjame que te conteste con otra pregunta: si supieras que un amigo hace cosas que podrían hacerte feliz, hacer tu vida más fácil, contribuir al cuidado del medio ambiente, dar trabajo a otras personas, mejorar la sociedad…, ¿pensarías que es un egoísta al reservárselo para sí, sin compartirlo con nadie? Creo que sí.

Plantéatelo de esta otra manera: ¿qué es lo primero que haces cuando descubres algo muy bueno que crees que podría divertir, ayudar o hacer disfrutar a otros? Yo lo comparto con amigos y familia. ¿Y tú? Si haces algo que cumple con estas características, aunque tú seas el causante, ¿por qué no habrías de hacer igual?

Las personas, todos en general, andamos muy ocupados en esta vida para darnos cuenta de qué hacen los demás si ellos mismos no nos lo comunican. No pretendo fomentar el crecimiento desmesurado de tu ego; la humildad siempre lleva muchísimo más lejos. Pero si simplemente hablaras de lo que haces, ¿seguirías sintiendo que te estás vendiendo? **¿Qué pasaría si sustituyeras esa palabra que te da tanto miedo por *comunicar*, *compartir* y *ser generoso*? La perspectiva cambiaría, ¿verdad?**

Como dice Austin Kleon en las primeras páginas de su *best-seller Aprende a promocionar tu trabajo*, **lo importante es que hagas un buen trabajo, y mientras disfrutas haciéndolo, no te olvides de incorporar a tu rutina compartirlo, hablar de tu día a día, comentar tus impresiones, tus pensamientos, tus avances... hasta conectar con un grupo de gente que comparta tus intereses. Ellos serán tus futuros compradores sin la necesidad de decirles: "¡Compra!".**

Si abordas el estímulo a la venta de esta manera, ganáis todos: las personas comparten contigo tu experiencia, porque realmente se sienten identificadas con ella y la disfrutan, llegando incluso a adquirir una parte de ella —con lo que contribuyen a hacer posible que sigas trabajando—, y también tú, gracias a sus comentarios, podrás incorporar nuevas ideas y planteamientos a tu trabajo.

Hay algo muy especial en compartir una historia, en este caso la tuya y la de tu trabajo. Al hacerlo, el oyente y el narrador se acercan y estrechan vínculos emocionales. Ya es algo que nos encantaba a todos cuando éramos niños. Pero no te confundas: no me refiero a que "cuentes un cuento" sino a que "muestres tu vivencia" si quieres ser percibido como real y honesto.

A veces, asociamos la comunicación con la mala fama que se ha ganado la publicidad por algunos malos trabajos que han tenido mucha repercusión. Pero la verdad es que un buen publicista no cuenta mentiras o adorna exageradamente los hechos solo para conseguir ventas, igual que no deberías hacer tú. Sabe que, si lo hace, perderá la confianza del consumidor. Si esto ocurre, será muy difícil, y a veces imposible, recuperar la credibilidad.

"Las personas solo compran a las personas que conocen, que les gustan o en las que confían."
PATRICIA VAN DER AKKER

Como te decía en el capítulo anterior, mi naturaleza introvertida y mi timidez hicieron que tardara mucho tiempo en entender todo lo que te estoy contando y definitivamente pasara a la acción. Por suerte, tuve la fortuna de encontrar al periodista Chema Carrasco en mi camino y, como la comunicación era uno de mis puntos débiles, le pedí que fuera mi mentor. Necesitaba romper mis esquemas y que me dieran herramientas para dar voz a mi pasión: el mundo de las cosas hechas a mano. Le di permiso a mi mente para que se abriera a una revolución interior y, gracias a su amplia experiencia y a su impulso, así sucedió.

Recuerdo el día que me dijo: **"¿Qué significa 'hecho a mano', 'hecho con cariño'? Son palabras que han sido muy utilizadas y que además emplean muchos tipos de personas y creadores. A mí, como consumidor, ¿qué me dicen de lo que voy a comprar?". Estas observaciones todavía resuenan en mí.** Estaba claro que tenía que cambiar el chip radicalmente y de manera proactiva.

Pero sigamos, no quiero que pierdas el hilo...

La cuestión es bien sencilla: no solo debes estar enamorado de lo que haces, tienes que enamorar también a tus clientes. La descripción de un producto, su utilidad y su manufacturación es informativa, pero si estos datos van acompañados de sentimientos, las emociones ganan. Y está demostrado que comprar, aunque no te lo creas, es un acto emocional y no racional. La atracción que una marca ejerce sobre una persona no es algo casual de la misma forma que la vida tampoco tiene banda sonora: tienes que crearla tú.

¿Y qué enamora más que los ojos y la voz de una persona?

¿No es emocionante que alguien te explique en primera persona cómo están hechas las cosas, qué se siente al hacerlas y saber cómo su trabajo ha cambiado vidas, y lo increíble que es esa sensación? Como cliente, ¿quién no querría saber qué se siente al comprar ese producto o servicio a esa persona/profesional tan especial? ¿Quién no quiere tener la seguridad de saber que, si lo hace y efectivamente ocurre algo mágico (como que una pedida de mano sea un éxito gracias al maravilloso anillo que encargó al artesano, por poner un ejemplo), podrá contárselo y agradecer su buen hacer? ¿Y también de saber que si, por cualquier razón, surge un desafortunado problema, será atendido y recibirá una respuesta en consecuencia?

Está demostrado que nos identificamos más con otras personas que con cosas. Por ello es importante que las marcas muestren una cara humana y representen valores humanos. Y el trabajo manual es una de las actividades que más representa esta cualidad y esa es la que debes mostrar tú.

¿Qué te parece este punto de vista? ¿Piensas ahora que comunicar y vender pueden ser lo mismo? Quizás necesitas más información práctica al respecto. Vayamos a por ella, entonces. Sabes que tienes que comunicarte y compartir tu mundo y tu trabajo, pero ¿cómo hacerlo?

Tus mensajes, tengan el formato que tengan (biografía, descripción de servicios, presentación general, catálogo de productos y precios, *posts*, *newsletters*…) y se presenten sobre el soporte que sea (web, catálogos, vídeos, imágenes…), tienen que llegar a los clientes ideales que definiste en el capítulo 2, y a la vez disuadir a los que no lo son. Aquellos que serían felices con la compra y el disfrute de tu trabajo una vez los hayas encontrado. No cometas un error muy habitual entre creadores y artistas: esperar a que alguien te descubra porque "mi arte habla por sí solo". La espera solo crea frustración y, por otro lado, ¿cómo te van a descubrir si tú no te muestras?

Y cuando llegue el momento del encuentro, ¡no pierdas tu gran oportunidad! Porque por mucho que hayas hecho una buena búsqueda y esa persona coincida con tus preferencias, si no entiende tu proceso creativo, no percibe cuánto cuidado pones en tu trabajo y lo profesional que eres, se irá igual que ha venido. ¡Tienes que estar dispuesto a capturar su atención!

Pero te preguntarás: ¿cómo elaboro ese mensaje único y personal que necesito transmitir?

A menudo, en las páginas web, en el apartado "Sobre mí" o "Sobre nosotros", o en los folletos suele aparecer un texto impersonal, donde se ofrecen datos como cuántos años llevas en el negocio, el tamaño y la situación de tu empresa, así como tus datos de contacto, acreditaciones, certificados o premios oficiales, si tienes colaboradores reconocidos, etc. No está mal que aparezca esta información, sin duda es necesaria; pero, por sí solos, estos datos no aportarán mucha información de valor que haga que tus potenciales clientes te conozcan verdaderamente, puedan saber qué tienes de especial y qué te diferencia de otros profesionales de tu sector o especialidad.

Entonces, ¿qué debes decir para comunicar quién eres realmente?, ¿cuál es tu esencia?

Contestar a las siguientes preguntas, más el trabajo de investigación que has desarrollado en el capítulo 2, te ayudará a encontrar la respuesta, a destacar tus puntos fuertes y a atraer el tipo de proyectos y clientes

que quieres. Tus respuestas conformarán una guía a la hora de crear los textos e imágenes —recuerda que estas también hablan y dicen mucho de ti— que darán cuerpo a tu imagen "global" corporativa.

¿Cuáles son tus valores y los de tu negocio? ¿Qué es importante para ti?

Piensa primero en lo que tú quieres y después pide a tu equipo que haga el mismo ejercicio. Entre todos obtendréis una definición más completa de lo que es tu empresa.

"Dime a qué prestas atención y te diré quién eres."
JOSÉ ORTEGA Y GASSET

- ¿De qué proyectos estás más orgulloso? ¿Cuáles te gusta más realizar?
- ¿Disfrutas más trabajando en solitario o en equipo? ¿Te gusta hacerlo todo tú solo desde principio hasta el fin, o hay partes que prefieres delegar?
- ¿Por encargo o de diseño propio? ¿Prefieres los proyectos cortos o los de larga duración?
- ¿En qué eres realmente bueno? ¿Cuáles son los puntos fuertes de tu negocio?
- ¿Qué problemas resuelves? ¿En cuáles en concreto eres especialmente resolutivo?
- ¿Por qué deberían elegirte a ti y no a la competencia?
- ¿Por qué cosa o valor quieres ser reconocido? ¿Qué quieres que la gente diga de ti?
- ¿Cuál es el mejor cumplido que te han hecho y el trabajo que más te ha gustado? ¿Qué otros cumplidos te gustaría recibir?

Y ahora que ya sabes más sobre ti mismo, sigamos con tus clientes ideales. Recuerda: ellos no compran por hechos y datos, o no solo, sino a partir de lo que sienten, de los potenciales beneficios que emocionalmente creen que obtendrán con ellos. Por eso...

- ¿Cuáles son los beneficios que obtendrán al comprar lo que vendes?
- ¿Qué problemas les resolverás? ¿Se sentirán más felices? ¿Les harás

ganar tiempo? ¿Salud física o mental? ¿Qué será mejor si lo hacen? ¿Qué sentirán al usar tus productos? ¿Cambiará en algo su vida? ¿Disfrutarán compartiéndolo con otros? ¿Tendrá algún efecto sobre sus amigos y familia? ¿Puedes aliviar sus preocupaciones?

- ¿Tendrá un efecto inmediato o duradero? ¿Qué les dirán a sus amigos sobre su experiencia?

"Si una idea hace que las personas sean neutrales, hay que rechazarla. Necesitamos clientes valientes."
CHARLES VALLANCE

Por último, antes de ponerte a redactar textos y crear imágenes, realiza una selección de referentes; competidores tuyos, pero también otros profesionales que admires.

Recopilando todo lo que has escrito podrás contestar a tres preguntas capitales:

- **Quién eres.**
- **Qué haces, por qué lo haces y cuáles son sus beneficios.**
- **Por qué deben trabajar contigo o comprar tus productos.**

Ahora, un último paso muy importante: de toda esta información elige solo unas 10 palabras y adjetivos. Con ellas construirás una sola frase que te definirá; tu presentación principal y la que te servirá para contestar quién eres y a qué te dedicas.

Encontrar la manera adecuada de comunicarte y conectar, iniciar esa larga conversación que se convertirá en una relación duradera es responsabilidad tuya. Una que al principio tendrás que asumir tú casi al 100 % y que no podrás abandonar nunca. Aunque puedas rebajar este porcentaje delegando una parte en un profesional, tú seguirás siendo tu marca.

La tarea de desarrollar tu estilo comunicativo y de ocuparte de **tu publicidad (que nunca debes abandonar) será lenta y te pedirá mucha paciencia.** De nuevo aquí aparecerá la prueba de fuego de la gestión del tiempo, saber esperar a que tus semillas (tus acciones) den frutos. **Una prueba que combatirás y pasarás con el poder de la rutina, la mejor herramienta para que las cosas bien hechas no supongan grandes esfuerzos.**

PLAN DE COMUNICACIÓN

Dedicar gran parte de tu tiempo a la comunicación/ventas no es una cuestión negociable si quieres que tu empresa funcione. Por eso, una vez más, se hace muy necesario tener una estrategia y una planificación en función de los objetivos que quieras conseguir: que te conozcan al principio, que te compren después y que sigan haciéndolo al cabo de los años. Debes definir los pasos y medios para conseguirlos. Recuerda todos los consejos que te di en el capítulo 2 cuando te hablaba de tu plan de negocios y ponlos en práctica también en esta área.

"Un objetivo sin un plan es solamente un deseo."
ANTOINE DE SAINT-EXUPÉRY

Por ejemplo, si quieres que tus productos salgan en el número de Navidad de las revistas que previamente has seleccionado, porque son las preferidas de tu cliente ideal:

- Infórmate con cuánta antelación deben recibir tu nota de prensa.
- A partir de esa fecha ve hacia atrás en el tiempo y calcula cuándo debes diseñar y crear tus piezas para este objetivo, cuántas piezas necesitarás crear según tu cálculo de ventas.
- Cuándo harás las fotos y su edición y actualizarás tu tienda online y offline o entregarás tus piezas a tus puntos de venta.

Todo tiene que estar listo y programado para cuando envíes tu nota de prensa. Si la publican, tienes que poder cumplir con lo que prometes en ella para no echar a perder tu imagen y tu negocio.

Recuerda que para que todo vaya lo mejor posible, la mejor garantía es tenerlo todo bien pensado.

En términos generales, cuando hagas tu planificación, piensa siempre a medio y largo plazo y haz que vaya en paralelo con tu plan de negocios; uno y otro se retroalimentan. **La regla general es que seas constante y mantengas un propósito firme.**

NOTAS DE PRENSA Y MEDIOS DE COMUNICACIÓN

Muchos *freelance* y pequeñas empresas descartan esta opción porque piensan que nadie les va a hacer caso por su tamaño. Me alegra decirte que, si piensas así, ¡estás equivocado! No es fácil, no te mentiré, pero ni mucho menos es imposible.

Los medios de comunicación necesitan noticias y siempre están a la caza de buenos contenidos para compartir con su audiencia. Contenidos que buscan ellos mismos o que reciben, como sería el caso de las notas de prensa. Puedes enviar tus notas a cualquier medio de comunicación (prensa, radio y televisión), a los grandes, pero también a los pequeños; no te olvides de los medios locales. En tu lista de medios incluye también blogs, portales online, webs... Se trata de llegar a tus clientes ideales, y debes seleccionar aquellos que creas que tus clientes potenciales siguen, da igual el tamaño que tengan.

Recuerda que, cuando estás empezando, es más fácil ir de pequeño a grande, y los medios de tu entorno son un buen punto de partida, además de ser más receptivos. Piensa en los datos que recogiste en el capítulo 2 sobre tus clientes ideales y piensa también dónde tiene presencia tu competencia.

Puedes enviarles información relevante (nuevas colecciones, presentaciones y exposiciones, ferias, libros o cursos) durante todo el año, pero la temporada en que están más faltos de noticias es en verano, por lo que no pierdas la oportunidad y aprovecha ese momento. No olvides nunca que quien recibe los comunicados es una persona, como tú y como yo, así que háblale en un tono cercano pero profesional.

El título del asunto es importantísimo. ¿Tú sabes cuántos correos electrónicos recibe esa persona cada día? Tienes que hacer que quiera abrir el tuyo. Y si esto pasa, lo que tiene que encontrar le tiene que gustar y,

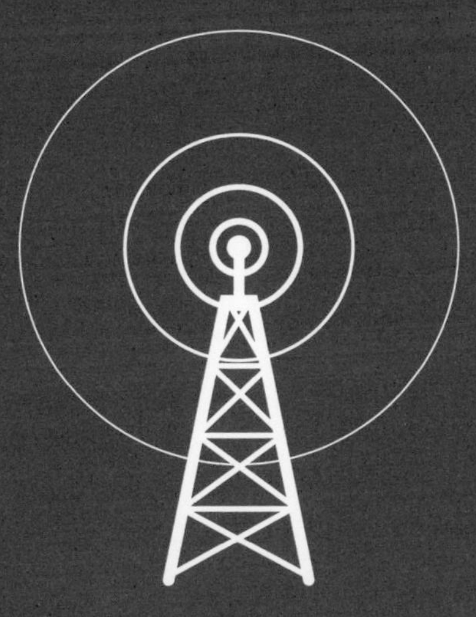

a la vez, resultarle cómodo trabajar con el contenido que le envías. Tiene demasiado trabajo y poco tiempo para hacerlo, por mucho que le interese lo que le has enviado. Si después le va a robar muchas horas, lo va a tener que descartar, mal que le pese.

¿Cómo debe ser este contenido?

Primero y, ante todo, como recomienda Chema Carrasco, el contenido debe seducir desde las primeras palabras, que no es la nota en sí, sino el asunto del email. Antes que nada, deben abrirlo. Por tanto, corto, conciso y atractivo.

Piensa en el número o fecha en el que va a salir la noticia, qué estación es, cuáles son las tendencias, y adapta tu mensaje a ellas. No envíes para pleno verano jerséis de lana, por más increíbles que sean. No te harán caso, quedarás mal y habrás quemado un valioso cartucho que hará que te pasen por alto cuando vuelvas a escribirles.

Para la campaña de vacaciones, por ejemplo, utiliza algo como "siestas de sueño en hamacas refrescantes", o para una revista de muebles, "cálidas mesas donde reunir a la familia y conversar"...

En el cuerpo del email debes incluir una muy breve presentación, con un resumen de la nota de prensa. Y adjuntar:

■ Un documento de texto con la versión ampliada de la nota de prensa (para que sea fácilmente copiable), con una extensión de no más de una página, donde debes incluir:

- un titular;
- un subtítulo a modo de breve descripción del contenido;
- el texto con la noticia;
- un PDF con el montaje del texto y las fotos, para que puedan respetar al máximo el diseño original;
- las fotos o gráficos, que deben ser siempre de calidad y de tu propiedad o contar con el consentimiento de su autor o de un banco fotográfico. (Según el peso de estas, ya sean para pantalla o para impresión, puedes adjuntarlas o compartirlas a través de servicios de almacenamiento online.) En todos los casos debes incluir los créditos y un enlace a la fuente original.

■ Y para acabar, tanto en el documento adjunto como en el cuerpo del mensaje, no olvides añadir tus datos de contacto y tu web, por si necesitan pedirte más información u otras cuestiones.

Piensa que las imágenes son cruciales en tu negocio. Si no son buenas, no envíes la nota de prensa. Después de hacerlo es muy difícil cambiar tu imagen de marca, ante el periodista y ante el público. Si envías varias, asegúrate de que están relacionadas con la noticia y, en general, intenta que muestren tus habilidades, a ti y los detalles de tu trabajo, además de tus productos. Cuenta que lo más probable es que no reproduzcan tus textos como tú se los has enviado, puesto que deben adaptar la noticia a su línea editorial y al espacio que ocupará.

PUBLICIDAD

Como te decía en el apartado anterior, a veces solo pensamos en grandes medios para dar visibilidad a nuestro trabajo y creemos que, al no tener presupuesto, ya no podemos hacer nada más. Déjame decirte, para tu tranquilidad, que la publicidad, o lo que clásicamente entendemos por ella, no es el medio más adecuado para pequeños negocios. **No sería la primera vez que una empresa tiene que cerrar por exceso de éxito, al no poder cumplir con la avalancha de pedidos que ha recibido en pocos días; si es que los reciben, porque lo más probable es que se cuelgue tu web, se colapse tu teléfono y no puedas contestar los emails.**

Demasiado arriesgado nada más empezar, ¿no te parece?

La publicidad es solo uno de los canales que puedes utilizar para llegar a tu público. Además, si lo piensas bien, tus potenciales clientes no se informan ni miran los mismos medios de comunicación que la mayoría. Recuerda: no olvides sus preferencias. Si estás intentando construir una relación personal con tus clientes, esta sin duda no es la mejor manera.

Algo que sí puedes considerar, al igual que las notas de prensa, son los tradicionales, pero no menos eficaces, carteles, folletos y tarjetas postales, y anuncios en medios pequeños y locales, blogs o webs. En estos últimos casos destacaría acercarte a los *influencers*, o prescriptores online, que cada vez tienen más poder de difusión. Pero elige bien a quién quieres que hable de ti, ya que debe ser coherente con los valores que representa tu marca.

En cualquier caso, a la hora de diseñar el anuncio escoge bien la imagen y procura que tu marca y manera de localizarte queden muy claras.

EMAILS Y LLAMADAS

El teléfono y, aún más, el correo electrónico serán herramientas de comunicación y ventas muy potentes. Un email puede abrirte muchas puertas o cerrarlas. Es una manera de presentarte a posibles clientes, colaboradores, medios de comunicación..., pero también te servirá para hacer un seguimiento de tus relaciones profesionales de una manera no intrusiva.

Como escribir un email personalizado lleva su tiempo, te recomiendo que cada vez que redactes uno con un objetivo específico lo guardes como modelo, que puede servir tanto para ti como para tu equipo. Así ellos sabrán qué tono y de qué manera quieres que sean las comunicaciones de tu negocio a través de este medio.

Esto, que puede parecer de poca importancia, en realidad sí la tiene. Recuerda lo que te comentaba en el capítulo anterior sobre tu imagen "global" corporativa. A veces solo se atiende al cliente a través del correo electrónico, por lo que un email lo dirá todo de ti. **La manera en que lo escribas puede hacer que pierdas una compra, y lo que es peor, que no vuelvan a aparecer.** No es la primera vez que veo un mensaje sin ni siquiera un "hola".

No sé si te habrás dado cuenta de que antes he utilizado la expresión "email personalizado". Nunca olvides que te va a leer una persona, por más que estés contactando con una empresa o entidad.

Si es un primer contacto es importante causar una buena impresión, no vayas directo al grano por más deseos que tengas de explicar lo que quieres, ya sea que hablen de ti, proponer una colaboración o cerrar una venta. Sé amable, positivo, informativo y profesional.

Según en qué casos, no digas qué esperas del otro en este primer correo, sobre todo si pretendes vender. Hay cosas que llevan tiempo y, para generar confianza, debes pasar por diferentes niveles.

Sobre todo, si sabes que no es la persona con la que necesitas hablar, porque no es la que va a tomar decisiones relacionadas con tu propósito, no te extiendas demasiado. Pero sí deja claro de qué se trata y pregunta si puedes obtener el contacto de esa segunda persona. En ese primer contacto, evita sobre todo añadir contenido promocional.

Demuestra que conoces la marca, empresa o profesional al que te diriges y que eres selectivo en tus contactos. Es una manera de que te escuchen y te recuerden; pocas veces escribirás a alguien una sola vez.

Cuidado con el peso de los documentos que adjuntes y con usar según qué palabras en el asunto. En función de cómo esté configurado su correo, puede ser que tu email no entre en su bandeja de entrada o que lo haga tarde, o que vaya a parar a la carpeta de *spam*.

Elige bien el momento; los lunes o los días después de vacaciones son los peores para que te presten atención. Y no envíes los emails fuera de horas o en fin de semana; parecerás desesperado y además maleducarás a tus clientes y colaboradores, que pensarán que pueden hacer lo mismo y obtener respuesta de ti. Existen programas para hacer los envíos a las horas que tú decidas.

No dejes que tu mensaje pase al olvido; sin hacerte pesado, vuelve a enviarlo a partir de los cinco días laborables o, si es posible, llama solo para comprobar si lo han recibido. No temas esperar una respuesta en ese momento; es mejor una contestación, aunque no sea la esperada, que la incertidumbre. Así tu cabeza ya puede pensar en otras opciones y tomar decisiones al respecto. Piensa que en muchos casos no será por falta de interés por lo que no tendrás noticias suyas: a menudo será solo por falta de tiempo; lo digo con conocimiento de causa. Si los llamas, no los hagas sentir mal por no haberte contestado; sencillamente diles que lo has hecho y resúmeles el asunto. Si no es un buen momento, pregunta cuándo puedes volver a contactarlos, no pierdas la oportunidad. Toma nota en tu agenda de todos los datos posibles, no te fíes de tu memoria, y míralos antes de volver a llamar.

Para acabar, incluye una firma en los emails (puedes hacer que aparezca de manera automática) con tu nombre y los datos de contacto de tu negocio y tu sitio web. Además de esta información, puedes incorporar una pequeña foto tuya; está demostrado que la gente se fía más de ti —y, por tanto, la decisión de compra o acuerdo es más favorable— si incluyes tu retrato.

Aunque destaco el email y las llamadas, déjame recomendarte que valores el envío de cartas o material gráfico en papel. Es algo que se dejó de hacer, pero que ahora se está recuperando para distinguirse de la avalancha de emails que todos recibimos. Piensa en un envío especial y ¡sorpréndelos con él!

TU SITIO WEB, TU BLOG, TU CENTRO DE COMUNICACIONES

¿Has oído alguna vez hablar del marketing de contenidos, o el *email marketing*? Sin duda, es una de las mejores maneras de estar en contacto con tus clientes y seguidores, y una forma asequible, muy eficaz y de fácil gestión para los *freelancers* y las pequeñas empresas.

Sirve no solo para compartir tus avances, tus nuevos proyectos y colecciones, sino también para demostrar tus conocimientos, tus servicios, invitarlos a exposiciones y ferias, y, por supuesto, para vender.

La herramienta principal para aplicar esta técnica de marketing y ventas es una página web con blog incorporado y un formulario de suscripción a tu *newsletter* (boletín de novedades).

En la parte fija de tu espacio online, lo que sería estrictamente tu sitio web, es donde compartirás el contenido fijo relacionado con tu negocio (quién eres, qué haces y cómo). En la parte dinámica, el portfolio, la tienda online (si los tienes) y el blog es donde está la parte viva de tu empresa: su día a día, las nuevas incorporaciones, las noticias... **Un sitio web sin contenido dinámico es una tarjeta de visita que se guarda en un cajón. Después de una primera visita, por más impactante que haya sido, no vuelves a entrar. Y eso es precisamente lo que más necesita tu negocio: que vuelvan a visitarte frecuentemente y que, en algunas de las visitas, te compren. Esto es precisamente en lo que se centra el marketing de contenidos.**

Como te he dicho anteriormente, todos llevamos una vida muy ocupada y, aunque hagamos descubrimientos que nos gustan mucho, cuando llega el momento en que necesitamos algo no llegamos a recordar dónde lo habíamos visto. Si tienes un contacto periódico con ellos será más fácil que, cuando llegue el momento, hagan su compra. A través de tu blog y mediante textos, imágenes, audios y vídeos puedes mantener una comunicación con tus seguidores y clientes, y ellos pueden contestarte y conversar contigo por medio de comentarios. Es casi como una relación epistolar. Es el lugar donde plasmar tu mundo y compartirlo, y hacerlo crecer con ellos.

Pero, no lo olvidemos, el objetivo final de esta comunicación es vender. Así que veamos qué debes tener en cuenta para utilizar esta herramienta...

Lo más importante para iniciar una relación epistolar es tener la dirección electrónica del destinatario de tus cartas. Si te la facilitan, debes usarla con respeto y consideración. Cuando una persona da este dato, es una invitación a su casa virtual, que, después de la física, es la segunda ubicación más personal que tiene. No abuses de su confianza, igual que no lo harías si la visitaras en persona.

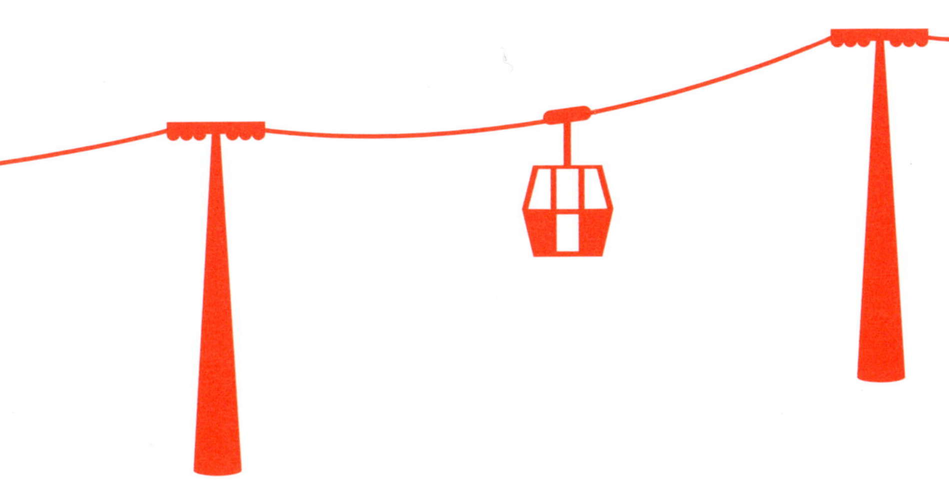

En el formulario de suscripción a la *newsletter*, además del email, te recomiendo que solicites el nombre de la persona interesada. Esto hará que vuestra relación sea más cercana y personal. Y en el mensaje de confirmación de la suscripción no está de más que sugieras que miren en su carpeta de *spam*; según como tengan configurado su correo o antivirus lo más probable, aunque utilices una herramienta de *newsletter*, es que vaya a parar allí.

En este sentido, para que tus mensajes no parezcan *spam*, procura no utilizar mayúsculas, signos de exclamación o palabras como *gratis* y *oferta especial* en el asunto de tu *newsletter*. Es vital que este titular sea seductor, bajo los mismos principios que cuando envías una nota de prensa: "El regalo que va a emocionar a tu madre", para la campaña del día de la madre, o "Los zapatos con los que vas a divertirte este verano". No olvides nunca ponerte en el lugar del destinatario; por tanto, sé breve, claro y personal. Recuerda, deben darse tres pasos: que abran tu mensaje, que lo lean y que quieran seguir leyendo en tu blog. Si no se da el primero...

Ten en cuenta que, para tu *newsletter* o gestión de comunicados con tus seguidores y clientes, no deberías usar el mismo canal que ellos utilizan para recibir tus cartas: un gestor de correo electrónico; hay herramientas que ya están pensadas con este fin. Si lo haces, además de llevarte más trabajo, corres el riesgo de que tus mensajes vayan a parar a la bandeja de *spam*, que es lo que ocurre con los envíos masivos.

Si, por cualquier motivo al inicio debes hacerlo así y envías un mismo email a más de una dirección, hazlo con copia oculta (CC) para mantener la privacidad de los destinatarios; por motivos legales (protección de datos) pero también por educación. Aunque no creo que eso sea necesario: muchas de estas herramientas son gratuitas si tienes menos de unos 2.000 suscriptores, y tienen recursos de diseño muy atractivos que sin duda mejorarán tus comunicaciones y la imagen de tu marca. Busca la que sea más fácil de usar y crea una plantilla base con una cabecera donde aparezcas tú y tu marca; de esta manera te reconocerán enseguida y te recordarán.

Una *newsletter* es como una carta, por lo que debe ser un mensaje personalizado. Sobre el contenido, piensa en todo lo que te he comentado al inicio de este capítulo y a lo largo de todo el libro. No deben ser muy extensos; hasta las personas que disfrutan leyendo no disponen de mucho tiempo para hacerlo porque, entre otras cosas, también están suscritas a otros boletines de novedades. Es mejor que les hagas un breve resumen de lo que se van a encontrar en la web o en el nuevo *post* y que los acompañes a verlo. De esta manera, estarás propiciando que pase algo que te interesa mucho: que recuerden tu casa virtual y, si quieren, pueden aprovechar para ver tus novedades en tu portfolio o tienda online. También puedes utilizar los *banners* para invitarlos a hacerlo, a modo de recordatorio.

Puedes incluir múltiples enlaces a diferentes páginas de tu sitio web; pero no abuses, y que estos formen parte de la conversación natural de tu narración. Como ya te he dicho, las fotos atraen más que los textos, por lo que no está de más que incorpores una o varias en la *newsletter*. No obstante, piensa que algunos servidores de correo no abren las imágenes, por lo que procura que el texto tenga el mismo sentido si estas no se cargan, y evita incluir textos en ellas. Si son muy importantes, siempre puedes iniciar tu mensaje con un recordatorio.

Para acabar, en un medio tan frío como puede resultar internet, te recomiendo que añadas una imagen con tu firma real al final de tus comunicados.

Para que el marketing de contenidos realmente funcione es muy importante que el contacto sea muy regular, que haya una periodicidad que se mantenga para que el seguidor o cliente sepa cuándo esperarte. En este sentido, es mejor enviar pocas y regulares novedades que muchas y a destiempo. Una al mes sería lo mínimo.

Recuerda sobre todo hacer envíos antes de las fechas especiales, como Navidad, San Valentín, etc., que es cuando las personas estamos buscando ideas para regalar. El resto de las fechas especiales, como cumpleaños, aniversarios, sorpresas y autorregalos, quedarán cubiertas por tus restantes comunicaciones. Con una buena planificación y las herramientas tecnológicas adecuadas, puedes mantener tu programación ¡hasta cuando estás de vacaciones!

Elige la hora en la que más probablemente tus seguidores lean el correo. Al principio, básate en el estudio que has hecho de tu cliente ideal; después, las estadísticas que monitorizan la respuesta al envío te ayudarán a saberlo. Estas te servirán también para saber qué es lo que gusta más y menos a tus seguidores. Tu herramienta de *newsletter* será tu mejor aliada en estas cuestiones, ¡y en muchas más!

Y una vez más, piensa mejor en compartir e invitar a ver que en vender… Te servirá a ti porque te sentirás más cómodo, pero también a tus seguidores, que no verán cada dos por tres la palabra *vender*. Eso no le gusta a nadie. Si lo haces, acabarán dándose de baja por más que les agrade tu trabajo. Piensa que el contenido debería constituir un 80 %, y los fines comerciales directos, un 20 %.

Escribe sin miedo, pero cuida la expresión y tu ortografía. Aunque no seas escritor, tienes las herramientas necesarias para hablar de ti y de tu trabajo: nadie como tú conoce el porqué de los colores que eliges, las formas, en qué te has inspirado, cuáles son tus pensamientos al respecto… Con la práctica, como en todo, te sentirás más cómodo.

Tú eliges qué grado de tu persona compartes; no es lo mismo personal que íntimo. Verás que la escritura, que al principio la has iniciado por obligación, te ayudará a conocerte más a ti mismo y a tu nueva familia.

"Un gramo de práctica generalmente vale más que una tonelada de teoría."

E. E. SCHUMACHER

Parece mucho trabajo, pero si le dedicas parte de tu rutina diaria, verás que no es tanto. En cambio, si lo dejas para el último momento, te exigirá más energía y además no saldrá como hubieras deseado. También puedes concentrar este trabajo en uno o dos días a la semana y, gracias a la tecnología, programar el momento de publicación.

Para acabar, solo decirte que evites a toda costa bombardear a tus seguidores; eso sí es *spam*, o correo no deseado. Conseguirás justo el efecto contrario de lo que buscas: tendrán un empacho de ti y se darán de baja. Por eso, aunque es muy importante tu visibilidad, es mejor que distribuyas tu presencia entre los diferentes medios de comunicación: blog y redes sociales.

REDES SOCIALES

Las redes sociales deben complementar tu sitio web. Lo más probable es que utilices más de una y que incluso una de ellas te aporte muchos ingresos; pero esto no debe suceder de manera aleatoria: recuerda que son herramientas tecnológicas de comunicación que debes utilizar estratégicamente.

Al principio queremos estar en todas, porque estamos deseosos de que nos vean en el mayor número de espacios posible. Grave error. No va a ser así solo por estar. Ni podemos porque no tenemos recursos para dedicar la atención que algunas exigen, ni nos conviene.

A la hora de seleccionarlas, de nuevo, parte de lo más importante: ¿dónde están tus clientes ideales? ¿Qué redes utilizan y cómo las utilizan? En algunas solo pasan el rato, en otras se informan, y en otras toman decisiones de compra.

Pregúntate: ¿cuáles son las que encajan con mi negocio? ¿Cuánto tiempo y recursos tengo para dedicarles? Como siempre, es mejor pocas pero adecuadas para hacer nuestra marca memorable que muchas y que queden desatendidas o que causen una mala imagen de nosotros.

Cada red tiene sus características específicas, que van cambiando periódicamente a través de actualizaciones, lo que te obliga, además, a estar informado constantemente y a adaptarte a tiempo para sacar el mayor provecho de ellas. Como ves, el reciclaje también aquí es importante: las novedades tecnológicas van a una gran velocidad y saber adaptarte es un valor que afectará a tus ventas.

Pero tampoco te obsesiones con ello. No te conviertas en esclavo de las tendencias, ni te quedes muy atrás; los mismos clientes te indicarán qué cambios debes aplicar.

SEGURIDAD EN LA RED

Como ves, el entorno online será muy importante en tu negocio. Estas son algunas de las reglas que me gustaría que tuvieras en cuenta antes de navegar por sus aguas:

- **Protección de datos.** Según el país desde donde trabajes, la ley será más o menos restrictiva al respecto. Verifica cuáles son tus obligaciones:

registro de los datos recogidos, su grado de sensibilidad (no es lo mismo preguntar el nombre, que el domicilio o los datos bancarios), medidas de seguridad de los datos que recojas, derecho de rectificación y cancelación, compartir la información con terceros con autorización previa...

- **Aviso legal.** Demuestra que tu negocio es de confianza. Aquí debes hacer constar datos legales sobre el mismo y la política de ventas. Habitualmente estás obligado por ley a cumplir este requisito.

- *Cookies.* Igual que en el caso de la protección de datos, la ley puede obligarte a anunciar que tu web las utiliza. Las *cookies* es lo que hace que tu web recoja datos estadísticos sobre la navegación de las personas que visitan tu sitio web: qué páginas ven, cuánto tiempo permanecen en cada una, a qué hora navegan, desde qué país... Acompaña este aviso de información de qué son las *cookies* y cómo pueden navegar evitándolas si lo prefieren. Mi recomendación es que les dejes elegir a ellos.

- **Tráfico de datos seguro.** Un aspecto vital para evitar a los *hackers* y el *phishing* (suplantación de la identidad). La navegación segura, que, afortunadamente, es cada vez más habitual a la hora de pagar, no lo es tanto a la hora de solicitar otros datos en formularios de contacto y cuestionarios. Según la información que pidas al aceptar encargos por internet, entre otras cosas, te recomiendo que ofrezcas seguridad a tus clientes a través de navegación SLL. Esta hará que los mensajes entre su ordenador y el tuyo viajen de forma encriptada y segura. Lo sabrás porque en tu web aparecerá en la dirección una s añadida a la raíz: <https://>. Si lo haces, añadirás valor a tu negocio aportando confianza. Esta opción, que antes era muy cara, ahora se puede obtener a precios asequibles en muchos de los proveedores de alojamiento web.

VENDE PARA PODER SEGUIR CREANDO

Te comentaba al inicio de este capítulo que la línea que separa este del siguiente capítulo es muy difusa. Este apartado es un claro ejemplo de ello, hasta el punto de que he tenido dudas sobre su ubicación.

La atención al cliente es un acto importantísimo de comunicación de tu marca, como te remarcaba cuando te hablaba de la imagen "global" corporativa, pero a la vez forma parte del proceso de ventas.

Es curioso que, aunque esté demostrado que las empresas de más éxito son las que más cuidan la atención al cliente, en la mayoría de los negocios es algo que casi no se tiene en cuenta hasta que se inician las quejas. Entonces, una crítica —nos ofrece información muy útil sobre nuestro proyecto y una oportunidad de mejorar— la sentimos como una molestia, y nuestro cliente se queda con un mal sabor de boca y sin ganas de repetir; por no hablar de la mala recomendación que hará de nuestra empresa.

¿No te ha pasado nunca que te han atendido de manera fantástica al comprar un producto y al llegarte a casa con una tara y llamar para avisar te ha parecido que quien te atendía no era la misma persona con la que habías hablado el día anterior? Ambas situaciones deben ser experiencias igual de fantásticas para el cliente. Seguro que cuando eso ocurre lo explicas a otras personas, ¡por lo poco que suele pasar!

Debes de haber oído más de una vez aquello de que "Es más fácil mantener a un cliente que conseguir uno nuevo". Veamos qué puedes hacer para mantenerlos:

- **Fácil acceso a tus condiciones de venta.** Intenta que el texto, en lo básico, no sea interminable y esté escrito en un lenguaje comprensible y con un tamaño de letra de fácil lectura. El resto, también a la vista, ponlo a continuación. En él debe constar la política de cambios y devoluciones, las condiciones y plazos de entrega y si los gastos están incluidos o no en el precio.
- **Contacto por email y/o teléfono visible.** Deja constancia de en qué horario te pueden contactar y cuánto tardarás aproximadamente en dar respuesta.
- **Antes, durante y después.** Atiende a las personas que te contacten con amabilidad y asertividad, sean clientes o no.
- **Contestar siempre.** Los mensajes en los comentarios de tu blog y en las redes sociales. Sí, la atención al cliente ahora da más trabajo y te pueden contactar por diferentes vías. No dejes de contestar, aunque sea invitándolos a hablar de manera privada a través de email o teléfono, según sea el asunto que tratar. Piensa que te estás jugando tu imagen, y de este modo evitas posibles "incendios" difíciles de controlar (la otra cara de las redes sociales).
- **Utiliza los *autoresponders* (respuesta automática) con moderación.** Son muy impersonales y, según el caso, molestan más que un silencio. Utilízalos para anunciar en qué casos contestas y cuándo lo harás.

Como ves, conforme tu negocio vaya creciendo, esta parte te llevará más trabajo. Al principio podrás gestionarlo tú, y después podrá hacerlo un administrativo o asistente, o un *community manager* (gestor de redes sociales) y, al final, una persona que solo se ocupe de ello. Pero todos deben conocer muy bien la empresa para no dar falsa información, o consultar las dudas más específicas antes de contestar.

Y ahora sí, pasemos a la otra parte de esta frontera invisible: las ventas.

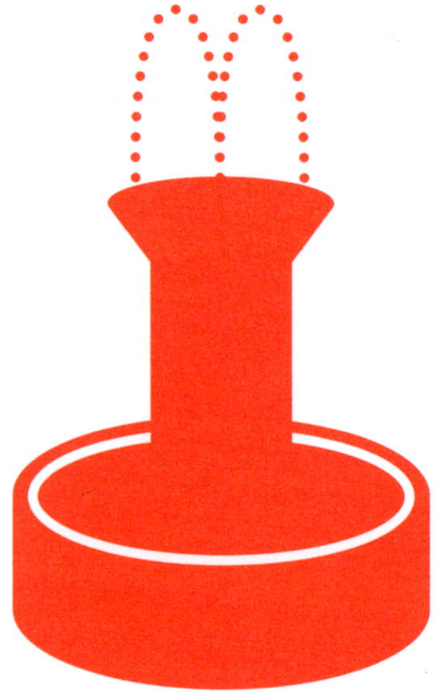

MINIDOSIS

—

¿TE GUSTA COMPARTIR LO QUE HACES?
¿ERES GENEROSO?

—

¿A QUIÉN VAS A ENVIAR TU PRIMERA NOTA DE PRENSA?
¿LO TENDRÁS TODO LISTO ANTES DE ENVIARLA?

—

¿TIENES UN CORREO ELECTRÓNICO MODELO PARA
INVITAR A UNA COLABORACIÓN? ¿Y PARA CONTACTAR
CON UN POSIBLE PUNTO DE VENTA?

—

¿TU WEB ESTÁ VIVA? ¿CÓMO TE COMUNICAS CON
TUS SEGUIDORES? ¿SABEN CUÁL ES LA ÚLTIMA PIEZA/
SERVICIO QUE HAS CREADO?

—

¿LAS REDES SOCIALES TRABAJAN PARA TI O TÚ PARA ELLAS?

—

¿NAVEGAS DE FORMA SEGURA POR INTERNET?
¿Y TUS CLIENTES?

—

¿CÓMO CUIDAS A TUS CLIENTES? ¿LOS ATIENDES
DEBIDAMENTE, TANTO TÚ COMO EQUIPO?

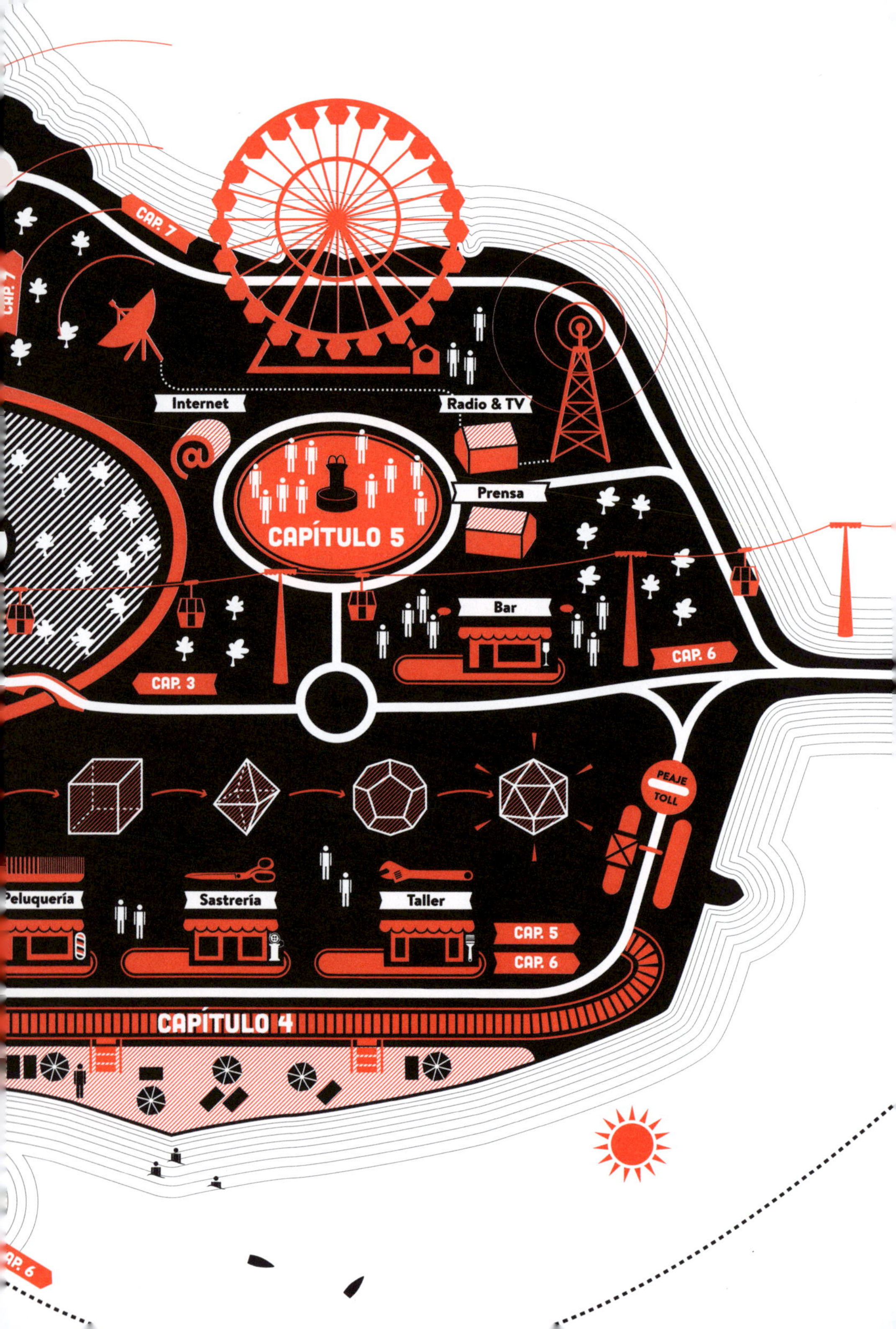

CAP. 7
Internet
Radio & TV
Prensa
CAPÍTULO 5
Bar
CAP. 3
CAP. 6
PEAJE
TOLL
Peluquería
Sastrería
Taller
CAP. 5
CAP. 6
CAPÍTULO 4
CAP. 6

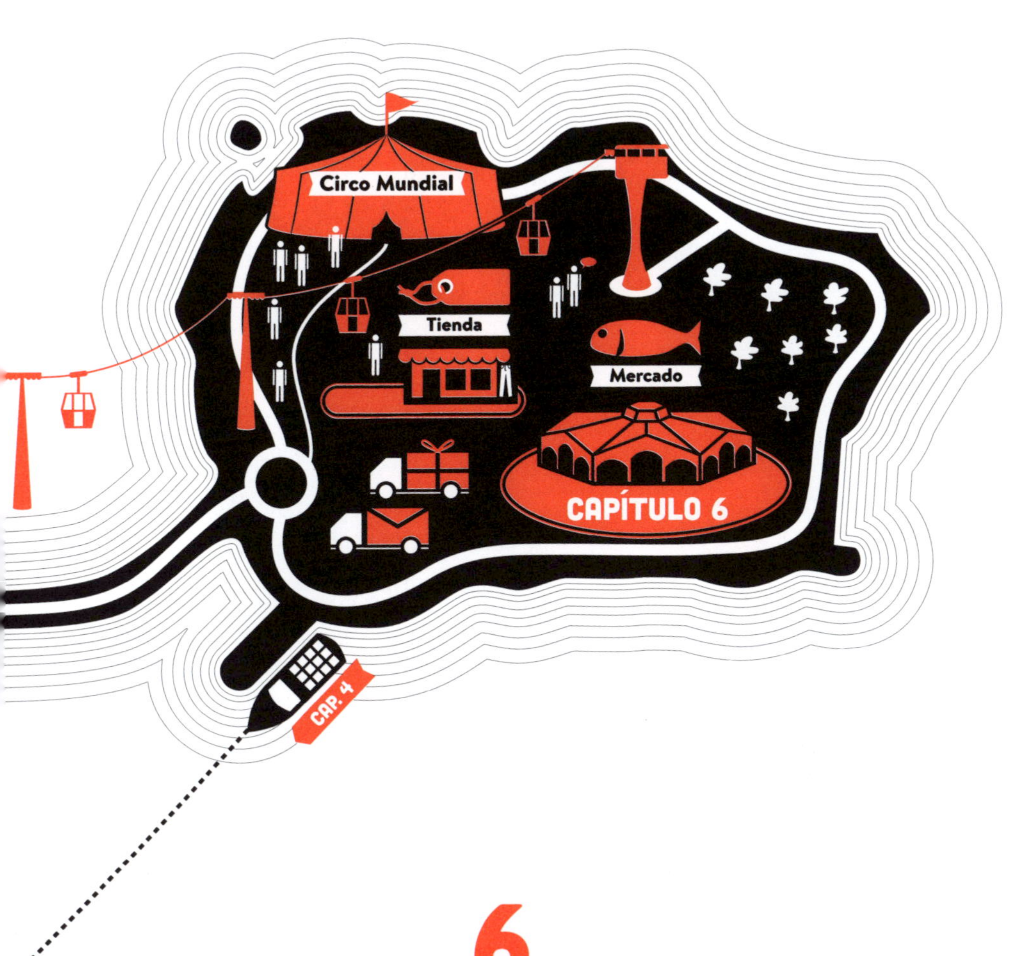

6

CAPÍTULO

VENDE PARA PODER SEGUIR CREANDO

Pero antes que nada ¡crea! Parece obvio, ¿verdad? Pero no lo es.

Como te decía en el capítulo anterior, he conocido proyectos que han tenido que cerrar por exceso de éxito. Recuerdo uno en particular; después de asistir a una feria recibieron demasiados encargos para una empresa tan pequeña, y no pudieron asumirlos. Antes de vender, tienes que tener algo "bueno" que vender, o saber cuánto tardarás en crear para hacer previsiones.

¿Recuerdas que he dicho que comunicar, compartir y ser generoso te lleva a vender? Esta cita lo resume muy bien.

———

"Da, da, da, da, da… Pregunta."
GARY VAYNERCHUK

———

Primero comparte, enseña, muestra…, y después diles a tus seguidores que te pueden comprar. Cuando te conozcan bien —como tenéis muchas cosas en común y les encanta lo que haces— ten por seguro que lo harán. Olvídate de la imagen del comercial pícaro e interesado, dispuesto a venderte una moto. ¡Tú no eres así!

Veamos por qué vías puedes vender el resultado de tu buen trabajo. En tu caso, creador *freelance* o pequeña empresa, la manera más eficaz de conseguirlo, a pesar de todos los inventos y tendencias de marketing que existen, sigue siendo la tradicional. Evidentemente, las nuevas tecnologías son una gran ayuda, pero solo te facilitan el acceso a esas personas con las que deseas sintonizar. Un "me gusta" en las redes sociales apenas significa nada; si te paras a pensarlo, es un simple clic. Si después de eso no se establece una comunicación, ese gesto será solo flor de un día. No te dejes deslumbrar por los números en internet; son importantes, sí, pero léelos como corresponde. Los ceros que aparecen online no son los mismos que aparecerán en tu cuenta bancaria. Como siempre, mejor calidad que cantidad.

Para ti estas son las fórmulas mágicas:

▶ De tú a tú

Cuando sepas dónde está tu cliente ideal, habla con él. En una feria, un encuentro, por teléfono, email, en una nota manuscrita cuando envíes un paquete o invitándolo a tu taller en una jornada de puertas abiertas o un evento que organices en él, por ejemplo.

Habla, habla mucho con tu cliente y, sobre todo, ¡escúchale!

Como dice Tara Gentile, especialista en estrategias de negocio, él es quien más te va ayudar a testear y mejorar tus productos y servicios. Solo cuando estos hayan pasado sus pruebas, es cuando puedes plantearte escalarlos (externalizar parte del proceso creativo para que puedas hacer más unidades sin perder la esencia). "Para hacer cosas que se puedan escalar, primero tienes que hacerlas no escalables", dice Tara.

Aunque te cueste un gran esfuerzo, déjate ver, en directo y online; tú eres tu mejor relaciones públicas. Piensa en lo que te decía en el capítulo 4. Y cuando lo hagas, recuerda sobre todo que no solo vendes cuando te acompaña tu producto o servicio: vendes hasta cuando no hablas de ellos. Transmites unos valores (tu marca), que son los que verán reflejados en ellos cuando los descubran.

Aunque esta idea te dé miedo, piensa que **no te vas a recuperar de no tomar riesgos, pero sí del miedo a la crítica o a que no guste tu trabajo.**

▶ Recomendaciones, el boca oreja

Cuando nos cuentan dónde podemos encontrar algo realmente especial, solemos seguir el consejo. Las cosas especiales cuestan mucho de encontrar como para no tenerlo en cuenta.

En este sentido, es realmente útil incluir en tu sitio web testimonios de clientes, pero también de interioristas, arquitectos, diseñadores de moda o cualquier otro profesional con el que hayas trabajado o que utilice tus productos o servicios.

También puedes añadir a tu sitio web una página donde recopiles tus apariciones en medios de comunicación; funcionan como recomendaciones.

No obstante, tengo que avisarte de que, aunque el boca oreja es eficaz, sus resultados no son en absoluto inmediatos. Está muy bien que trabajes para conseguirlo, pero no te quedes simplemente esperando a que pase.

Una vez más, sé proactivo y realiza acciones para que realmente sea así: es mejor pensar en esa persona que sabes que va a ser más que feliz con tus creaciones y procurar localizarla y, después, conectar con ella.

"No hacemos películas para hacer dinero: hacemos dinero para hacer más películas."
WALT DISNEY

Como te comenté en los capítulos 2 y 3, los productos hechos a mano nunca pueden ser baratos, pero eso no significa que siempre deban tener precios altos o muy altos. Tienen el precio que les corresponde, y eso no significa que solo la gente rica vaya a comprar productos de calidad.

El tipo de consumidores y sus motivaciones han cambiado significativamente. La oferta de productos es inmensa, y dejando a un lado aquellos que, con todo el derecho del mundo, toman sus decisiones de compra en función del precio, **existe un gran número de personas que buscan más que un objeto a la hora de comprar; y la mayoría de estos no son ricos. Es, hoy más que nunca, una cuestión de prioridades.**

No te sientas mal o rechazado si no vendes; no es personal. Debes estar seguro de que tienes algo valioso que ofrecer. Si el cliente no lo quiere o hay que convencerlo, es que ese no es tu cliente. Ahí afuera hay un comprador por cada producto/servicio y precio. Esto significa que, si un cliente quiere comprar una pieza a un precio más barato, habrá otro que querrá comprar ese mismo objeto por los valores que tiene y que coinciden con él. No insistas en convencer al primero y busca al segundo.

"Tanto si crees que puedes como si no, tienes razón."
HENRY FORD

¡No des nada por sentado! No pienses en lo que la gente debe pensar todo el tiempo; deja que ellos decidan. Hay un tipo de cliente que no dice ni comparte nada, y a veces es el más admirador de todos; así que ¡sigue siendo generoso! Aunque no te contesten, comparte cosas con ellos como si lo hicieran. Si están ahí es porque están interesados. Cuando llegue su momento te lo harán saber. Piensa en ellos como si fueran tus amigos. ¿Verdad que compartirías con ellos noticias que crees que les podrían interesar? Por eso envía información y contenidos relevantes que demuestren que estás pensando en ellos: "He descubierto este artista que me ha inspirado y he pensado que también podría gustarte", "He publicado este artículo en la revista X y he pensado que te podía ser útil", "Me han hablado de este nuevo material; ¿tú lo conoces? Voy a probarlo y te cuento qué me ha parecido", "Voy a participar en este evento y he pensado que estaría bien conocernos en persona"...

Comparte tu trabajo, las cosas que te gustan o los descubrimientos que has hecho. Forman parte de tu personalidad, y será esta la que conecte con ellos, además de tu trabajo.

LA TEMIDA CONVERSACIÓN SOBRE EL PRECIO

¿Temías este momento? Ese es el problema: temer. Como dice Ilise Benun, experta en negocios de profesionales creativos, **se trata de una conversación, no de una confrontación.** Y cuando empiezas a vivirlo así te prometo que todo cambia. Para demostrártelo, te pondré un ejemplo que comparte Ilise. Se trata de una simulación de cómo debe transcurrir esta charla, en la que el *maker* o artesano tiene que responder ante un gran encargo de piezas:

— *¿Cuál es tu presupuesto?*

— *No tenemos presupuesto.*

(Esto puede querer decir más de una cosa. Una de ellas es "no lo habíamos planteado pensando en una cantidad en concreto, pero tenemos dinero".)

— *Veamos qué necesitas y luego veremos cuánto cuesta.*

A veces no saben lo que cuesta algo así, y tienes que educarlos. Dales un rango de precios.

— No tenemos dinero para tanto.

— Lo siento, entenderéis que no puedo permitirme hacerlo por nada. El mínimo por lo que lo haría es X.

No parece que haya tensión, ¿verdad? No tiene por qué haberla.

Analicemos lo que ha pasado…

Cuántas veces pasa que parece que has encontrado al cliente de tus sueños. Es un placer hablar con él, admira y entiende tu trabajo y le brillan tanto los ojos como a ti. Te pide que le hagas una propuesta para un encargo personalizado y tú, que estás muy ilusionado, corres a hacerla y sacas tiempo de donde no lo tienes para acabarla a tiempo. Entonces, cuando llega el momento de exponerla, te das cuenta de que, aunque valora mucho tu trabajo, su traducción en precio está muy lejos de la tuya. ¿Este momento tan decepcionante es culpa del cliente o tuya?

Sobre todo, cuando hables de grandes encargos, sé específico sobre precios antes de preparar una propuesta. Recuerda que ¡tu hora tiene un precio! Y no lo puedes apostar a fondo perdido. Y aquí otro sabio consejo de Ilise: ¿una frase de dos minutos con tu rango de precios habría podido evitarla? ¿No crees que vale la pena pasarlo mal esos dos minutos que todo el esfuerzo y decepción que vienen después? Piénsalo bien: cuando ya hayas vivido estos dos minutos muchas veces, dejarán de tener el peso que tienen ahora.

Es un hábito que también se puede aprender, aunque cueste de creer.

Sea como sea, ¡no rebajes nunca tu precio!

Quita o añade cosas del proceso o partes del encargo, pero no toques el precio. Te respetarán más si no lo haces. Piensa que, si ya desde un primer momento bajas mucho tu precio y quieres tenerlo como un cliente habitual, después ya no habrá manera de subirlo y te irás quemando cada vez que tengas que trabajar con él. De nuevo, la culpa no será suya, sino tuya. Con toda la calma y amabilidad exponle qué ha pasado y asume tu error, y explícale por qué no puedes hacerlo por el precio que te sugiere. Dile que lo sientes mucho, pero que no se trata de ninguna estrategia comercial.

"Mira la palabra 'responsabilidad' (respons-abilidad): la habilidad de elegir tu respuesta."
STEPHEN COVEY

Si tienes miedo, pero hacerlo como tú sueles hacerlo no te funciona, ¿por qué no pruebas a poner en práctica estos consejos? ¡Inténtalo! Piensa que casi nunca nada es tan grave como imaginabas. Recuerda que tu cerebro está diseñado para ponerse en lo peor como sistema de defensa, así que no le dejes ganar la batalla. Estás pensando por tu cliente, y este, la mayoría de las veces, en realidad no se plantea las cosas como tú.

El respeto que buscas te lo debes a ti mismo, y no puedes dejarlo en manos de tu cliente. Debes dignificarte a ti y a tu trabajo, y vas a hacer lo necesario para conseguir lo que te mereces. No esperes que el cliente haga lo que se "supone que debe hacer" y no te quejes si luego no lo hace. No pienses: "Debería valorar mi trabajo, preguntarme cuánto cuesta y aceptarlo sin hacer ningún comentario". Esto pasará de vez en cuando, pero ¿por qué esperar y quedarse con la angustia si no ocurre? ¿Por qué no ser proactivo y propiciar que pase lo que tú quieres que pase?

Piensa que el cliente lo que espera sobre todo es a un profesional, y es a este al que respeta.

"Una persona que muestra confianza es percibida como digna de confiar en ella, de modo que la gente le devuelve más de lo mismo."
DESCONOCIDO

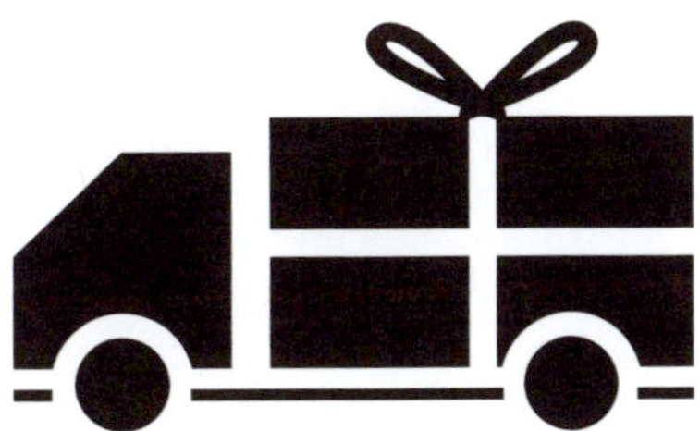

Prepárate para la negociación. Si es necesario, sobre todo las primeras veces, tómate un tiempo previo solo y exclusivamente para mentalizarte. Para recordarte que **si la conversación está derivando hacia un punto al que no quieres llegar** (justificándote por el precio, sintiendo que estás a punto de ceder a un descuento...), **tienes el derecho de parar a tomar aire y de reconducirla luego en los términos que tú te mereces, o de acabarla de una manera amable y respetuosa**, diciendo algo como "Espero que en otro momento encuentres algo que te pueda encajar más con lo que buscas y con tu presupuesto".

Una vez más, se trata de salir de tu zona de control, porque nunca queremos ser los primeros en ponernos a hablar de dinero. Aunque ¿nunca te has planteado que quizás tus clientes se sienten igual de nerviosos que tú haciéndolo?

Mantén las mismas reglas si tienes que mantener estas conversaciones por teléfono, que siempre es mejor que el email, porque así tendrás la posibilidad de responder a sus dudas y sus reticencias ante el precio.

Insisto, debes encontrar a tus clientes ideales. Te ahorrarás dolores de cabeza, justificarte constantemente o acabar cediendo a una rebaja. Si no lo haces, te frustrarás, y lo que es peor, quizás acabes teniendo que cerrar tu negocio.

Tienes que saber identificarlos cuando los ves, observando lo que dicen, por lo que preguntan y cómo te tratan. Hay clientes que a veces han pagado por tu trabajo, pero que no lo valoran porque lo adquirieron por encargo, respondiendo a una petición de cumpleaños, por ejemplo. Otros piensan que no sería difícil hacer algo parecido por ellos mismos. Tienes que evitar a los clientes que no saben apreciarlo y ver la diferencia con los que sí.

"El truco está en no preocuparse por lo que todo el mundo piensa de ti y solo hacerlo sobre lo que piensan las personas adecuadas."
BRIAN MICHAEL BENDIS

Podrías darles explicaciones y, de algún modo, educarlos; pero la mayoría de las veces no tienes tiempo y es mejor dedicar tus horas a buscar a aquellos clientes que sí lo valoran. En el sentido de educar, que sí es necesario, puedes contribuir dedicando parte de tu tiempo a hacer talleres de pago o eventualmente actividades de divulgación gratuitas.

Debes evitar a los malos clientes, y si ya tienes algunos así, intentar eliminarlos o dejar de trabajar con ellos poco a poco. Si necesitas cambiar tus tarifas, hazlo sin miedo. Es mejor llegar a tener pocos clientes pero que paguen un precio justo que muchos que no lo hagan. Por el bien de tu negocio pero también por el tuyo, tanto a un nivel económico como mental.

---

*"Para alcanzar algo que nunca has tenido,
tendrás que hacer algo que nunca hiciste."*
ANÓNIMO

OTROS ARGUMENTOS DE VENTA

- **Premios:** Puedes presentarte a concursos reconocidos dentro de tu especialidad; te pueden aportar reconocimiento. No obstante, lee con atención las bases de estos antes de lanzarte, porque algunos de ellos conllevan mucha inversión de tiempo y dinero.
- ***Partners* y colaboradores:** ¿Trabajas con marcas o personas que son popular o profesionalmente reconocidas? Si no les parece mal, coloca sus logotipos en tu web y publicidad.
- **Demuestra tus conocimientos:** Puedes hacerlo a través de charlas, talleres, vídeos, *webinars*, *guest posts* (publicación de entradas en blogs ajenos, como invitado)...
- **Responde dudas antes de que te las planteen:** Si ya tienes cierta experiencia y ves que tus potenciales clientes suelen hacer las mismas preguntas, una buena manera de atender estas inquietudes es incluirlas en tu página web, en el conocido y útil apartado de las FAQS (preguntas más frecuentes). Conseguirás así que se sientan atendidos de entrada y eliminarás reticencias, lo cual es un excelente punto de partida. Además, suele ser una de las páginas más visitadas, junto al "Quiénes somos".

- **Preséntate en un vídeo:** Preséntate a ti y a tu negocio. Ya te he comentado que los contenidos audiovisuales tienen mucho más éxito que las palabras y se comparten más. Cuenta tu historia y lo que haces de una manera amena y con alta calidad; pero sé comedido y no te alargues demasiado. En otro vídeo o en fotografías comparte un ejemplo del proceso creativo de uno de tus productos más representativos, de principio a fin.
- **Consultas y presupuestos sin compromiso:** Para ello, crea un formulario, diferente al de "Contacto", donde hagas bastantes preguntas específicas. Este te ayudará a filtrar a las personas que están "realmente" interesadas en comprar de las que solo te harán perder el tiempo.

Con esta primera información, cuando habléis —debes hacerlo— recuerda dar el rango de precios al principio de la conversación.

VENDER A PARTICULARES Y EMPRESAS

La venta directa, ya sea a particulares o a empresas, es sin duda alguna la mejor opción en tu sector. Y el motivo es que no tienes mucho margen de precios con el que jugar.

Las opciones de que dispones son:
- Directamente en tu taller o estudio, lo tengas instalado en casa o en un local externo, esté abierto al público o haya que concertar cita previa para la visita.
- A través de tienda online.
- En tu tienda física. Te recomiendo que, en cuanto puedas, inviertas en diseño de interiores especializado en tiendas y te formes en *retail* (óptima colocación y rotación de productos, diseño, programación y gestión de escaparates).

En los capítulos 2 y 3 encontrarás más información al respecto, que debes tener en cuenta.
- En eventos propios, como *pop up stores* (tiendas efímeras), talleres, etc.

En cuanto a la venta a empresas, como los encargos suelen ser medianos o grandes, te emplazo al apartado "Contratos", que encontrarás más adelante. Las condiciones son muy similares a trabajar por encargo, aunque solo vendas piezas ya creadas que presentes en un catálogo.

TIENDA ONLINE

Una pregunta que suelen hacerme es si es recomendable tener tienda online, o si es mejor tener una tienda física propia o estar en un *marketplace* (mercadillo virtual), tipo Etsy o Dawanda.

Yo les contesto, antes que nada, que tener una tienda online, sea del tipo que sea, no se traduce en ventas. Si quieres que sea así, debe ir acompañada de mucho trabajo para conseguir visibilidad y confianza en el producto.

Pero, si quieres tener una, debes preguntarte antes que nada si dispones de tiempo y de dinero para crearla, mantenerla y atender a tus clientes. Es decir, hacer las fotos de tus productos, editarlas, poner su descripción y precios, preparar los encargos, hacer los envíos y ofrecer un servicio posventa. Además de darle visibilidad, sin ella sí que no hay ventas. Y deberás promocionarla, claro está.

Si crees que puedes hacerlo y tienes claro que lo vas a hacer bien, ¡adelante! Sin duda, es una potente herramienta para tu negocio. Además, y como verás a continuación, a diferencia de los *marketplaces*, si tienes tu tienda integrada en tu web, los clientes no saldrán de tu casa virtual para saltar a un competidor que comparte contigo espacio online.

Pero ¿una tienda propia o un *marketplace*? La verdad es que, en 2006, cuando yo empecé, los portales generalistas estaban muy bien y eran muy útiles. Tampoco existían muchos servicios para tener tienda propia asequible y fácil de usar, como ocurre ahora. Sin embargo, hace ya un tiempo que la situación ha cambiado radicalmente, y ahora esta opción ya no me convence, básicamente porque no hay filtro. Yo en tu lugar optaría por otros *marketplaces* especializados, donde se hace una selección previa de todos los productos y creadores. En la mayoría de los casos, el trabajo de gestión de tienda a tu cargo será el mismo más o menos; pero ellos se encargarán de los envíos (según las condiciones del *market*) y, sobre todo, y lo que más te interesa, de la difusión y promoción. Deberás tener en cuenta los gastos y comisiones que te va a suponer, pero verás que en muchos casos compensan, tanto por el número de ventas como por el ahorro en horas de trabajo que tendrías que haber dedicado a la comunicación. Elige bien el *marketplace* especializado que más encaje con tu público ideal y donde no haya mucha competencia de tu misma especialidad, o por lo menos de un estilo parecido.

"Tú puedes hacer cualquier cosa, pero no puedes hacerlo todo."
DAVID ALLEN

En cuanto al proceso de compra online, es igual en ambas opciones. Aparte de las especificaciones propias de un servicio online, el resto es igual que en una venta presencial.

En ambos casos, ten en cuenta que necesitas un *packaging* especial y que deben estar bien claros y localizables las condiciones y los costes del envío. En este mismo sentido, infórmate sobre los impuestos que gravan el producto a nivel internacional y sobre las posibles restricciones en el paso de aduanas.

COMERCIALES O AGENTES

En algunos países como en España no hay tradición de agentes en este sector; lo más parecido son los editores de producto, que suelen trabajar con diseñadores industriales.

Tanto los agentes como los comerciales trabajan a comisión, y esta suele ser como mínimo de un 15 %, aunque lo más habitual es que esté entre un 30 % y un 50 %. Lo más importante es que, si te decides por esta opción, bien porque tienes claro que no quieres ocuparte de ello o porque quieres dedicarte solo a trabajar en el taller, procures elegir a especialistas y profesionales. Ellos son los primeros interesados en vender así que, si te consiguen buenos contratos, poco importa cuál sea su comisión siempre y cuando a ti te salgan los números.

Piensa que ellos van a ser tu voz y tu imagen, por lo que debes sentirte realmente bien representado. Debéis trabajar en equipo y de manera coordinada; no pueden aceptar encargos cuando tú tienes la agenda llena.

Algunos de estos profesionales, además de la comisión de las ventas, cobran un sueldo base fijo. Esto les da seguridad y también hace que prioricen tus ventas a las de otros clientes. Pueden trabajar para ti en exclusiva o llevar una cartera de otros *makers* y artesanos. Lo importante aquí es que tu competencia más directa no esté entre ellos.

VENDER EN TIENDAS: EL *RETAIL*

Al principio, cuando te da miedo no vender suficiente, piensas que tener tus productos en tiendas es el mejor camino para conseguirlo, y no siempre es así. Al inicio, tu margen es muy escaso y no puedes asumir las comisiones de las tiendas, a veces de hasta un 50 %. De hecho, hay muchos *makers* a los que esta opción nunca les va a encajar; tendrán que llevar a cabo más acciones de marketing y promoción, pero sus márgenes de beneficio serán siempre más altos.

Pero si decides vender en tiendas, te recomiendo que empieces con un grupo reducido, elegido estratégicamente; a veces, no tanto por el beneficio estrictamente económico que te supone, sino para conseguir visibilidad.

Puedes empezar por las que tienes más cerca, y siempre es mejor que sean tiendas independientes. Te facilitará el contacto personal y la reposición de piezas, y te favorecerá pues la gente suele preferir comprar a creadores locales. Pero también opta por aquellas tiendas que sabes que tu cliente ideal visita asiduamente. Para encontrarlas, investiga en los blogs y magazines que estos leen. ¿Recuerdas el estudio que hiciste sobre sus aficiones?

"Puedes llegar muy lejos yendo poco a poco."
SÒNIA LÓPEZ

Busca también las tiendas donde tu competencia vende o donde se comercializan productos similares en estilo y precio. Crea una base de datos con toda la información relevante de cada una de ellas, incluida qué otras marcas venden. Síguelas en redes sociales y suscríbete a su *newsletter*; cuanto más las conozcas, más fácil será detectar qué tenéis en común para que sea más sencillo impresionarlos cuando los contactes. Y si es posible, y ello encaja en tu imagen, comparte sus contenidos y deja comentarios con el fin de que, cuando los contactes, ya te conozcan.

Conseguir vender en según qué tiendas es un proceso que lleva tiempo. Además de gustarles tus productos, deben confiar en tu negocio. Es muy poco probable que quieran vender tus productos después de verlos por primera vez, aunque les gusten. Recuerda: solo te comprarán si confían en ti. Y algo que ayuda mucho a conseguirlo es que te conozcan en persona.

Si es posible, lo mejor es que los visites personalmente. Puedes llamar antes para saber si tienen un día especial para atender a los productores y averiguar quién se encarga de ello, o acercarte directamente y, si en ese momento están ocupados, preguntar cuándo volver; el contacto ya estará establecido.

Este primer contacto y los siguientes son muy importantes, ya que, como te he dicho algunas veces, para tu tipo de negocio es muy importante establecer buenas y duraderas relaciones. Si te conocen y hay buena conexión, venderán mejor tu producto, porque creerán en él y en ti; los dos estaréis contentos porque ambos ganáis.

Y, aunque no te compren de entrada, debes hacer lo mismo: sin insistir demasiado, debes ganarte su confianza, en ti y en tu marca. Una buena manera de hacerlo, contando con su conformidad, es que se suscriban a tu *newsletter* para que vayan viendo tu evolución, por ejemplo, o invitarlos a tus eventos, exposiciones o ferias. Realiza estos comunicados con moderación, o conseguirás el efecto contrario. Y no los contactes en sus temporadas de más trabajo; no es el mejor momento en absoluto.

Si hace poco que has iniciado tu negocio, las tiendas querrán ver cómo te va y cómo lo haces, y cuál es tu capacidad de producción sin perder calidad. Estarás en periodo de pruebas. La razón es simple: no pueden arriesgarse a quedar mal con sus clientes.

Muchas veces, enviar un catálogo en papel con fotos y descripciones y el detalle de precios con el margen de tienda es más eficaz que cualquier email. Recuerda lo que te decía en el capítulo anterior sobre las avalanchas de correo.

Como siempre, cuenta mucho el diseño del catálogo, que sea profesional y con una cuidada imagen, pero que también resulte funcional y facilite hacer pedidos de manera cómoda. Puedes incluir los precios o adjuntar una hoja aparte con ellos. Y, si no te supone mucho gasto, también puedes añadir alguna muestra.

Asegúrate de que los precios sean atractivos para ellos, pero ¡también para ti!

Recuerda que debes poder garantizar tener las unidades que necesiten y enviarlas a tiempo y en buenas condiciones, y que además del producto debes enviar el *packaging* si así lo has acordado con la tienda.

Si es posible, pregunta si además del producto te dejan adjuntar algún *display* (folleto u hoja informativa) para promocionar tu marca, y, en caso afirmativo, aprovéchalo para comunicar "tu historia única".

Estos mismos consejos se pueden aplicar a las ventas de tus productos en *showrooms*, *corners* en centros comerciales, *pop up stores* y otros eventos de muestra y venta directa. Y además de estos, también valora vender en galerías, a diseñadores de interiores, organizadores de bodas y eventos o a hoteles.

Nota importante:

Aunque todo el rato te estoy hablando de vender, lo más habitual es que la tienda no se arriesgue a comprar tu producto, por lo menos, de entrada. Lo más corriente es que lo dejes en depósito y si al cabo de unos meses no lo han vendido, tengas que pasar a recogerlo. Elige bien las tiendas donde aceptas este acuerdo, para asegurarte de que cuidan tus piezas, porque de esta manera debes tener un número de creaciones hechas que no podrás vender tú directamente si surge la ocasión de venta. ¿Puedes asumir este gasto/apuesta?

Como ves, sobre todo al inicio, tendrás mucho más trabajo comercial que momentos para crear. En los primeros tiempos, la proporción entre negocio y creación es la contraria a la que se suele esperar.

VENTA DE LICENCIAS

Otra manera de vender tus creaciones, o más bien tus diseños, es ceder el uso de tus derechos de autor a una marca, y que esta venda tus productos. Lo habitual en estos casos es hacer una tirada de un determinado producto o reproducir uno de tus diseños en uno de sus productos, o en un objeto específico creado para la ocasión.

El cliente o marca puede pagarte por la compra total de tus derechos, aplicando en ellos tu marca o no, según lo acordéis, o pagarte con un porcentaje de las ventas (los llamados *royalties*), que se suele cobrar una vez al año. Si te dejan elegir entre estas dos opciones te anticipo que tendrás un dilema, ya que puede ser que ese producto se venda mucho y cobres durante años ese porcentaje, o que no funcione y salgas perdiendo.

Lee bien las condiciones del contrato (revisa el apartado en el que hablo de este tema).

FERIAS Y MERCADOS

Además de tu tienda o taller (en caso de tenerlos), las ferias y mercados son los mejores lugares para poner en práctica la venta directa. Participar te puede suponer un gran gasto, depende de los eventos, por lo que es muy importante que valores tu participación con el máximo de información posible.

Si bien los mercados están más orientados a la venta, las ferias están más pensadas para la promoción y la visibilidad. Tenlo muy en cuenta a la hora de elegir. Acudiendo a los primeros puedes conseguir efectivo rápido, pero con las segundas puedes llegar a acuerdos comerciales de mayor interés. Una vez más, debes meditar antes qué es lo que más te interesa en cada momento.

La participación en según qué ferias también puede aportarte prestigio, aunque apenas vendas. Incluso si la feria en cuestión tiene un coste elevado, la selección del organizador es ya de por sí una especie de acreditación de la calidad de tu negocio. **Está claro que este tipo de ferias son una oportunidad de oro para que tus seguidores y posibles puntos de venta te conozcan en persona y descubran tus productos.** Por más buena que sea una foto, siempre es mejor el contacto directo, sobre todo en un negocio tan sensorial y emocional. Quizás no te compren en ese momento, pero lo hagan unos días o meses después. Recuerda: debes procurar establecer largas relaciones, crear y reforzar lazos.

Puede haber momentos de agobio porque no puedes atender a todo el mundo. Si eso ocurre, intenta guardar la calma y, si hace falta, diles que, aunque te gustaría seguir conversando con ellos, no dispones de tiempo. Invítalos a seguirte en tu blog y a dejar los comentarios y preguntas que consideren.

Los primeros años es mejor que solo asistas a mercados locales o a los que no estén muy distantes. Una feria es una gran inversión que puedes tardar años en recuperar y lo que es peor, puede dañar a tu *cash flow*. Además, si eres *amateur*, es muy probable que no pases su filtro de selección, como ocurre en según qué tiendas, por los mismos criterios que te comenté anteriormente. Antes de arriesgarse contigo, elegirán a los que les ofrecen garantías, aunque sean los mismos de siempre.

Pero supongamos que has decidido ir a un mercado o feria, has hecho la planificación (ver el ejemplo de la feria de Navidad en el capítulo anterior) y los números debidos, y lo tienes claro.

¿Qué deberás tener en cuenta?

Antes que nada, déjame recordarte, a riesgo de hacerme pesada, que no debes olvidar hacer bien tu previsión de ventas y de *stock*. No debes pasarte, pero sobre todo tampoco te quedes corto. He conocido casos en que se han quedado sin productos el primer día en eventos que duraban tres días y, con ello, han dejado perder una gran oportunidad. Pregunta si tienen un almacén o repón tus productos al final del día.

▶ Antes de ir

Infórmate sobre la feria al detalle: cuántas ediciones lleva, cuál es el promedio de visitantes, cómo se promocionan, qué participantes han estado presentes —y si puedes, pregúntales cómo les fue a ellos—, qué requisitos debes cumplir para que te seleccionen, cuáles son las fechas de la convocatoria de selección, cuál es la fecha de la resolución, cuál es el precio de alquiler de un estand y exactamente qué incluye: metros cuadrados, situación, mobiliario, iluminación, toma de electricidad, wifi, número de personas atendiendo en el estand, días y horario de montaje y desmontaje, seguro, persona de contacto de la organización del evento y número de teléfono, sistemas de cobro a los clientes (si hay caja central o si puedes cobrar tú), si se quedan comisión sobre tus ventas, cuántos días tardarán a pagarte si cobran ellos, si tienes entradas gratis para regalar o sortear entre tus clientes, si hay medidas de seguridad y si hay medidas previstas en caso de mal tiempo, o qué pasa en caso de anulación del evento.

Si es posible, es bueno que visites el espacio antes del evento.

Conoce tus deberes, pero también tus derechos.

▸ **Preparativos**

■ **Dinero:** Piensa dónde colocarás la caja y cuánto efectivo llevarás. Necesitarás mucho cambio, y como estos eventos suelen desarrollarse durante el fin de semana, no tendrás acceso a los bancos. Solicita cambio con algunos días de antelación. ¿Necesitarás un terminal para el cobro con tarjetas? ¿Tienes acceso fácil a una toma de electricidad en el estand o la conexión a internet es buena? Asegúrate de ello, porque no te interesa perder ninguna venta.

También debes llevar un bloc de recibos o comprobantes de compra. Es tu obligación con tus clientes, pero también te servirán para controlar las ventas, hacer el cierre de caja. Y si haces un sorteo, puedes usar su numeración.

■ **Logística:** ¿Cómo trasladarás tu material hasta el lugar del evento y cómo lo recogerás después? ¿Dispones de un carrito plegable u otros sistemas? ¿Tienes todo lo que necesitas: mesa, sillas, manteles, telas que cubran bien la mesa por todos los lados, celo, plancha, tela u otro material para cubrir el estand por las noches, clips, imperdibles...?

■ **Almacén:** Piensa dónde almacenarás tus productos y las cosas que necesites guardar, como herramientas, chaquetas, comida y agua. Si no hay mucho espacio, puedes pedir a alguien que se lo lleve hasta el día del desmontaje.

En cuanto a la comida y el agua, no creas que son ninguna tontería: las opciones de comida que suele haber en las ferias están pensadas para los visitantes más que para ti. Suelen ser caras y pesadas de digerir, y tú debes seguir trabajando. Pero si optas por llevar tu propia comida, por poco que puedas, por favor, no comas en el estand. Da muy mala imagen y no tendrás las manos libres ni limpias para tocar tus piezas si es necesario.

■ **Personal:** Lo ideal es que asistan un mínimo de dos personas. ¡Piensa que necesitarás ir al baño en algún momento! Si estás solo, siempre puedes pedirle a tu vecino que vigile, porque casi nunca te dejarán cerrar tu estand; da muy mala imagen y yo tampoco te lo recomiendo. Así que dos personas son el mínimo ideal; mientras una atiende, la otra puede hacer otras tareas, como las relaciones públicas, por ejemplo. Cuando no haya mucha gente, es bueno hacer turnos y salir del recinto, relajarse y descansar. ¡Son muchas horas!

Si pueden ayudarte más personas, puedes hacer turnos de menos horas, pero manteniendo siempre a dos personas atendiendo el estand. Los que acaban de llegar estarán descansados y con muchas ganas de trabajar.

No hace falta que te diga que elijas bien a las personas: ellas te representan. En este sentido, ten en cuenta los requisitos que deben cumplir estas personas a nivel legal. A veces, al tratarse de este tipo de eventos, no es necesario que estén contratados, pero quizás necesiten un documento especial que lo acredite.

Para comunicarte con tu equipo, te aconsejo llevar el móvil en el bolsillo en modo vibración.

- **Clima:** Un día de lluvia en un estand al aire libre puede arruinarte las ventas. Piensa en qué harás si eso sucede y si la organización te ofrece alternativas en este sentido. El sol, aunque no lo parezca, también puede ser muy peligroso. ¿Estarás a la sombra? Y si no, ¿puedes instalar algo para protegerte?

- **El estand:** Al pensar en el diseño del espacio, procura que predomine la funcionalidad sobre la estética. A veces, el estand queda precioso, pero no se ve ni la marca, ni qué hacemos, ni el producto. En la medida de lo posible, todo esto debe quedar claro en las distancias cortas y largas, incluso cuando haya mucha gente frente al estand. Quizás algunas personas no se puedan acercar, pero sí deben poder leer de lejos quién eres y qué haces. No pierdas la oportunidad de crear marca.

Cuando conozcas el tamaño y la forma del estand, ayuda mucho fabricarte un simulacro previo. A veces, cuesta visualizar las medidas exactas y el volumen que ocupa. Un simulacro te servirá, por ejemplo, para saber el número de productos que puedes mostrar y el volumen que pueden ocupar según los muebles que tengas o puedas utilizar. También te será útil para saber cuántas personas podrán estar atendiendo el estand de manera cómoda.

Además de tus productos, si puedes, muestra fotos bonitas de productos y del proceso creativo, y si puedes mostrar un vídeo, mejor. Si dispones de espacio, aunque no es muy habitual, es una buena idea que lleves una pieza a medio acabar y las herramientas que utilizas. Si tienes ratos tranquilos, aprovecha para trabajar en ella; ver a un artesano en acción ejerce una poderosa atracción en los visitantes.

Por último, calcula el tiempo de montaje y que cuadre con el que te da la organización.

▶ Después del evento

Recuerda reforzar los contactos establecidos y piensa en el servicio posventa. Pasados unos días después del evento, y antes de que se enfríe el contacto, escribe o llama a aquellos clientes, tiendas o profesionales que mostraron interés y que a ti también te parecieron interesantes. ¡No dejes perder la oportunidad!

Si no has tenido tiempo de hablar con todas las personas que querías, escríbeles después y reanuda el contacto. Es otra manera de establecer comunicación más fácil y agradable que la puerta fría.

▶ Promoción

Además de la promoción que realiza el organizador del evento, ocúpate de tu propia promoción antes, durante y después del evento. Empieza un mes antes y ve haciendo pequeños recordatorios. La última semana puede ser más intensa, pero recuerda no agobiar a la gente e ir alternando redes sociales.

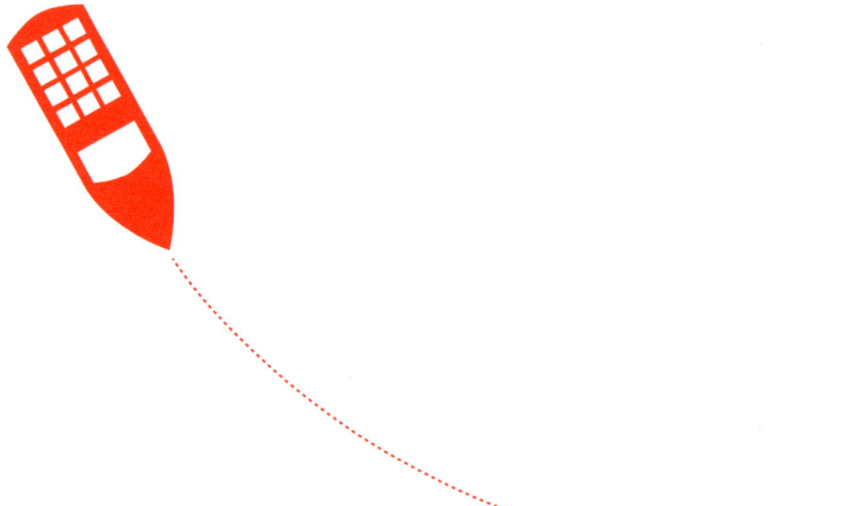

Si el evento lo permite, puedes ofrecer a tus clientes y seguidores entradas con descuento si las adquieren antes de ir o lo hacen yendo de tu parte.

Realiza fotos durante el evento y compártelas en redes sociales, invitando a la gente a acudir. Recuerda la duración, localización y horario.

En un rincón visible, deja tarjetas y folletos o incluso postales; y si tienes bolsas bonitas y hay sitio, déjalas a mano también: piensa que son anuncios ambulantes.

No olvides tampoco poner una hoja y bolígrafo donde la gente se pueda suscribir a tu *newsletter* sobre la mesa o mostrador. En esta hoja debe constar la información sobre protección de datos y su beneplácito para enviarles comunicados.

Puedes aprovechar para hacer un sorteo entre todos los compradores; será un estímulo para la compra durante la feria. O puedes también ofrecer un descuento si compran después durante un periodo de tiempo determinado. Puedes crear un código promocional o un ticket especial para el evento.

Son muchísimas cosas, sobre todo si es la primera vez que participas en un evento de estas características. No te agobies: mi intención es decirte todo lo que debes tener en cuenta porque quiero compartir contigo mi experiencia; pero no debes hacer todo lo que te sugiero siempre. Esta información ha de servirte sobre todo para hacer previsiones de material, logísticas y económicas.

CONTRATOS

Esta es una de las palabras, o más bien documentos, a los que tampoco debes tener miedo. Al contrario de lo que piensas, los contratos no son una muestra de desconfianza sino una muestra de profesionalidad.

Los hay privados y con supervisión de abogados (lo más recomendable) y te servirán para protegerte ante grandes pedidos, encargos, venta de derechos, para proteger la confidencialidad entre tu cliente y tú, pero también para trabajar con colaboradores y hacer intercambios, o para establecer derechos y deberes con trabajadores y socios.

Haz siempre un contrato independientemente del tamaño del cliente, sobre todo cuando pienses que "esta vez no hace falta", pues justo estos casos son los que se prestan a confusión, por exceso de confianza y malentendidos. Recuerda: el mensaje no siempre es igual de evidente para las dos partes, y ponerlo por escrito ayuda mucho a definirlo.

Tampoco temas hacer preguntas o que te las hagan antes de firmar. Para entender bien qué estás firmando y porque es bueno concretar al máximo cuáles son las necesidades del cliente y así responder mejor a su demanda y en el tiempo requerido. Asegúrate de que entienden todos los puntos y ten claro lo que esperan de ti.

Esta es la mejor manera de que no haya lugar a errores (aunque siempre puede haberlos) y de satisfacer sus expectativas.

———

"Cuando las personas se dan cuenta de que están siendo escuchadas, te dicen cosas."
RICHARD FORD

———

Con un contrato, demuestras que sabes lo que haces, que ya lo has hecho antes y ellos sienten que lo tienes bajo control y que pueden confiar en ti. No se trata de hablar por hablar y soltar un discurso. Puedes hacerlo con tacto y con un vocabulario que se adapte al interlocutor.

Cuando eres tú el que tiene que firmar el contrato, no tengas miedo a preguntar: es mejor pasar un mal rato que arrepentirte luego. Piensa que a veces estás firmando algo que tendrá una validez de años, y que, una vez lo has suscrito, no hay marcha atrás.

En los contratos que se basen en un presupuesto previo (al igual que en ese documento) incluye una fecha límite para la validez de los términos y las condiciones.

Como te decía en el capítulo 3, y a modo de recordatorio, pregunta por la política de pagos (cuánto tardan en hacer efectivo el pago y por qué medios), si la cantidad establecida lleva incluidos o no los impuestos y qué otros documentos, como facturas o recibos, tienes que expedir tú.

Si no quedan claras sus condiciones y la duración del contrato, te recomiendo pagar la asesoría de un abogado. A veces, la terminología es muy difícil de entender o hace referencia a leyes que no conoces. En cualquier caso, el contrato debe incluir siempre lo siguiente:

- Cliente e información del proyecto.
- Precio del proyecto y términos de pago (pago de la factura a cuántos días).
- Derechos de propiedad y uso.
- Plazos y modo de entrega.
- Política de cambios o cancelación (qué parte del proyecto debe ser pagado dependiendo del momento de cancelación).
- Confidencialidad.

Antes de firmar, recuerda que la pelota está en tu campo, no en el suyo. Tú mandas, aunque ellos vayan a pagarte por ello.

MÉTODOS DE PAGO

Después del obvio pago en efectivo o con tarjeta de débito o crédito, existen otras opciones de pago, como sería el conocido PayPal, de uso únicamente online. **En internet, lo más importante es que sea un pago seguro para tu cliente**; recuerda lo que te comentaba al respecto en el capítulo anterior.

Además de la seguridad, **la segunda cosa que debes tener en cuenta cuando utilices estas herramientas de cobro es la comisión que vas a tener que pagar por su uso y por cada una de las ventas que hagas.** Para el cobro mediante tarjeta, dispones de diferentes opciones, como serían la terminal punto de venta, para ventas presenciales, y la pasarela de pago online.

También puedes utilizar el pago por transferencia bancaria o contrarrembolso. En ambos casos debes tener en cuenta los gastos y comisiones, y, en el caso de utilizar la transferencia, deberás recordar a tu cliente que facilite su nombre y apellidos y el número de pedido. Por último, no hagas el envío hasta que hayas confirmado la entrada del pago. Avísalo en las condiciones de venta.

ATENCIÓN POSVENTA

Aquí debes pensar de nuevo en la atención al cliente que te comentaba en el capítulo anterior.

Además de eso, te recomiendo que cuides a tus mejores clientes y tengas algún detalle con ellos de vez en cuando: un descuento especial o un detalle o postal por Navidad. De este modo, no te olvidarán.

Nunca pienses que ya tienes el trabajo asegurado; no te confíes, aunque tengas clientes buenos y muy solventes. Debes mantener siempre el control; si esperas a perder a tus clientes, ya será tarde.

¿LA COMPETENCIA ES BUENA?

Hace muchos años que dejé de pensar que la competencia era algo negativo. Sobre todo en este sector, que necesita más *makers* y artesanos, porque eso será un buen indicativo de que hay demanda y del tipo de sociedad en la que vivimos.

La competencia te obliga a estar vivo y no dormirte, a superarte. No te obsesiones con ella ni tomes decisiones en función de los pasos que da. No dejes de observarla, pero, como siempre te digo, intenta ser tú mismo. Y sigue también a otros negocios referentes en otros sectores; salir de tu ámbito habitual es lo que te hará innovar de verdad.

Mira a la competencia como compañeros de profesión y piensa que, si os unís, seréis más fuertes. El mercado siempre es más grande de lo que piensas, y muchas veces, en el mundo *maker* y artesano, se trata más de la persona que del producto.

MINIDOSIS

—

¿PIENSA EN CÓMO TE SIENTES A LA HORA DE VENDER? ¿ES UNA BUENA SENSACIÓN? ¿CÓMO TE MANEJAS EN LAS DISTANCIAS CORTAS? PRUEBA DE APLICAR LOS CAMBIOS QUE TE SUGIERO.

—

¿QUÉ SISTEMA DE VENTAS UTILIZARÁS; EL DIRECTO U OTROS?

—

¿FERIAS O MERCADOS? ¿CUÁL ENCAJA CON LA SITUACIÓN DE TU NEGOCIO AHORA? ¿ESTÁS EN LA FASE INICIAL, LA DE ESTABLECIMIENTO, O EN LA DE CRECIMIENTO?

—

¿TIENES ALGUNOS MODELOS DE CONTRATOS? HAZTE CON ELLOS.

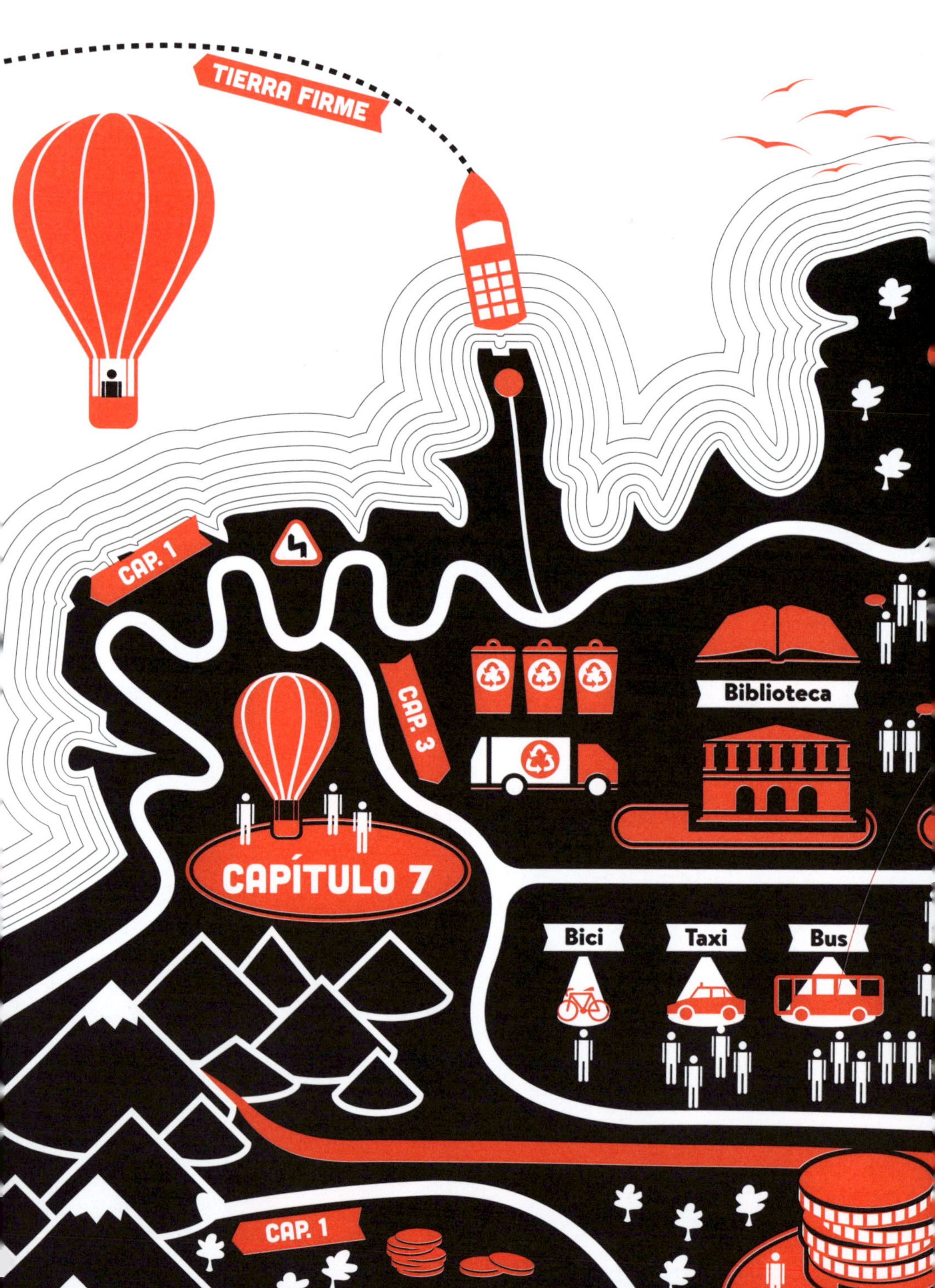

TIERRA FIRME
CAP. 1
CAP. 3
Biblioteca
CAPÍTULO 7
Bici
Taxi
Bus
CAP. 1

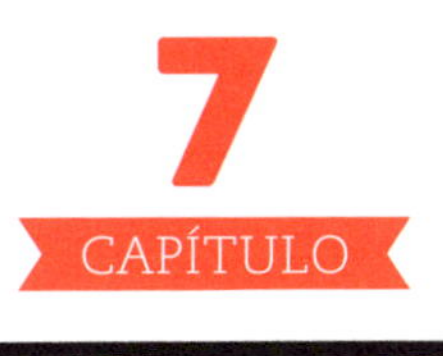

MANTENERSE EN PIE Y SEGUIR DISFRUTANDO

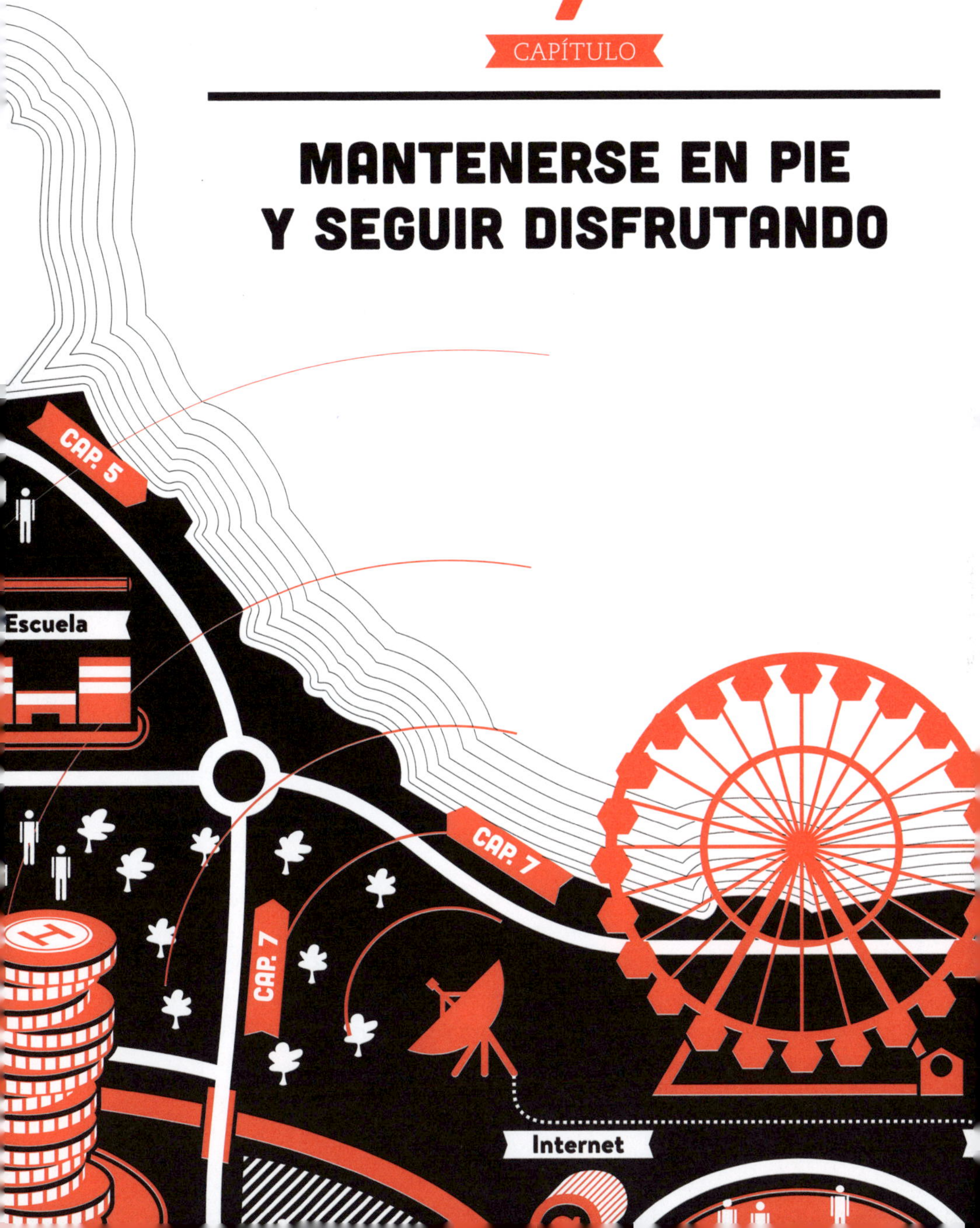

En el capítulo 4 te comentaba que, afortunadamente, me había dado cuenta de que el modelo de negocio, heredado de mis padres y abuelos, basado en la idea de que la clave estaba en conseguir el producto "perfecto" y en recoger las ganancias, estaba obsoleto. Lo mismo empieza a suceder en el sector servicios, puesto que ya muchas personas acceden a ser expertos en un campo del conocimiento. Nunca antes la educación había sido tan universal y, por lo tanto, no es de extrañar que el trabajo y los negocios, tal como los entendíamos antes, no puedan seguir concibiéndose del mismo modo. Ahora no se trata de llegar a una meta y sentarse a recoger, sino de ser *life-long learners* (eternos aprendices). Pero no en el sentido competitivo de la palabra, sino desde el punto de vista del enriquecimiento profesional y personal continuo. Aprender de todo y de todos, en solitario o en grupo, hacer pruebas y ensayos, mezclar cosas y contenidos inconexos, cambiar de camino, experimentar, jugar...

Reciclarse, en el amplio sentido de la palabra y entendido como una forma de seguir aprendiendo, no debe ser una nota más en tu lista de obligaciones: debe ser tu manera natural de vivir.

Tu empresa y tú evolucionáis igual que lo hace la sociedad y el mundo, y es importante que, si quieres que el proyecto de vida que has elegido continúe en el tiempo, seas flexible y te adaptes a él.

*"En un momento de cambios drásticos,
son los que aprenden los que heredan el futuro."*
ERIC HOFFER

Como dice Raimon Samsó, experto en desarrollo personal, hacer que tu negocio funcione no es cuestión de aplicar la sobrevalorada fuerza de voluntad; lo que eso significa en realidad es que estás luchando contigo mismo, y tu empresa no puede ser una lucha que te desgaste día a día, o acabarás abandonando. Esto es una maratón, no una carrera de velocidad. La fuerza de voluntad solo sirve para resistir unos cuantos kilómetros.

Es vital que adquieras nuevos hábitos, como el del aprendizaje continuo o vivir en constante cambio, nuevas maneras de pensar y actuar que te hagan vivir tu proyecto como un negocio y que se mezclen con tu personalidad, con tu ADN. Lo mismo que sucede cuando inicias una dieta: si no cambias tus hábitos alimenticios, tus rutinas diarias, conseguirás bajar unos kilos, pero lo que está claro es que más tarde o más temprano volverás a tu peso inicial, si no lo superas incluso.

Igual que Samsó, pienso que "Por suerte, todo lo que se aprende en la vida puede reaprenderse. Los hábitos no son una excepción a esta regla".

——

"Aprender es transformación; desaprender también."
VIRGINIO GALLARDO

——

Hoy en día, el acceso al conocimiento es casi infinito, y los formatos, múltiples: libros, ebooks, podcast, blogs, cursos online y presenciales... Incluso existen aplicaciones móviles que te ayudan con los pequeños gestos diarios de trabajo. Bien es verdad que entre tanta oferta se hace difícil diferenciar la de calidad; por ello, una recomendación es que encuentres tres o cuatro referentes de confianza que te puedan guiar. El tiempo no es excusa: el *networking* entre creadores y los encuentros profesionales especializados son una manera muy útil de ponerse al día en diferentes ámbitos.

Recuerda el perfil general que has dibujado con las indicaciones del capítulo 2 y sigue aprendiendo en los aspectos:

- Técnico: nuevos procesos, materiales o herramientas que aplicar en tu taller.
- Empresarial: nuevas tendencias de marketing y ventas, organización del trabajo, negocios, finanzas...
- Creativo: métodos de creación, inspiración, *design thinking*...
- Tecnológico: nuevas herramientas (programas o recursos de uso online) para aplicar a tus sistemas de trabajo profesional y de empresa.
- De bienestar personal (salud y emociones): autoconomiento, técnicas de relajación, alimentación...

CHEQUEO MÉDICO A TU NEGOCIO

Igual que cuidas tu salud, o así debería ser, deberías chequear tu empresa y a ti periódicamente. Como medida de control y de manera más superficial, cada semana y mes, y de una manera más profunda, cada seis meses y a final de año.

Da igual que estés solo en tu negocio: si lo que quieres es prosperar, debes pensar como una pequeña empresa y no como un empleado. Estas rutinas, aparentemente sin importancia, marcan la gran diferencia. Si las realizas, te sentirás más seguro porque tendrás un mayor conocimiento del estado de tu negocio, sobre todo de tu situación económica, y según tu planificación anual, estarás a tiempo de aplicar correcciones si esta no evoluciona como esperabas.

Cuando estamos muy cerca de un problema o situación comprometida es común que perdamos la perspectiva y no podamos detectarlo y, en consecuencia, solucionarlo. La única manera de prever esto es cambiar el enfoque. Porque ¿cómo sabes que has conseguido lo que querías si no puedes comprobarlo? Tara Gentile, especialista en estrategias de negocio, llama a esta práctica diagnóstica *pre-mortem*; no se me ocurre mejor palabra ni más gráfica para definir la necesidad del chequeo periódico.

No estés preocupado constantemente: ocúpate de tu negocio cuando toca para que, en lugar de reaccionar precipitadamente, respondas a sus necesidades. Esto hará que con el tiempo puedas dedicarle más horas al trabajo de diseño y creación en el taller y que lo hagas de manera relajada, con tu mente concentrada en lo principal. Es la mejor inversión de todas: serás más feliz, más creativo y más productivo; lo que a su vez repercutirá en tu negocio.

"La medida de la inteligencia es la habilidad para cambiar."
ALBERT EINSTEIN

En este sentido, hoy en día dispones de muchas herramientas para detectar cambios antes de que sea demasiado tarde. La interacción continua con tus seguidores y clientes y los datos estadísticos que te proporcionan los servicios online que utilizas te brindan una información a la que nunca antes habíamos tenido acceso. Es más fácil saber si han cambiado sus gustos, si han bajado las ventas respecto al mismo mes del año anterior, si has tenido más visitas y adquisiciones después de haber asistido a un evento, y detectar así dónde pueden estar tus clientes ideales, recibir sugerencias y críticas a las que poder atender, saber si te estás desviando de tu atención hacia tu cliente ideal. Según los aspectos que chequees, deberás revisar unos datos u otros.

Con toda esta información en la mano, puedes decidir si respondes en consecuencia o no; pero si las cosas no van como desearías, por lo menos podrás saber las causas.

Si no sabes parar y tomarte el tiempo de evaluar la dirección de tus decisiones, significa que no estás viviendo tu proyecto como un negocio, y esto en sí mismo ya es una evaluación negativa, con un resultado que estás a tiempo de corregir.

EVALUACIÓN SIN MIEDO AL ERROR

No se trata en absoluto de que vayas a la caza de los errores que has cometido y te castigues por ellos. No puedes vivir con la presión de evitar cometer errores, con ese miedo constante. Va a pasar; no puede ser de otro modo.

Vivir con ese ahogo sería como llevar un corsé muy apretado todo el tiempo. En esas condiciones, es imposible pensar con claridad, ser espontáneo y creativo, crecer hacia donde tú quieres. ¡Hay tantas cosas que solo se pueden aprender a base de ensayo y error!...

___

"El problema o peligro aparece cuando tienes miedo.
Debes tener respeto, pero no miedo."
MARC JUNOLL

___

Yo misma pensé durante muchos años, demasiados, que se podía encontrar todo en los libros y que, si los devoraba, lo haría todo más rápido y perfecto. ¡Qué inocente y qué previsible! Afortunadamente, hace ya tiempo que cambié de opinión. De hecho, las mayores lecciones que he aprendido, y que comparto contigo en este libro, han sido después de haber cometido "supuestos grandes errores". Aunque todavía no lo creas, estoy agradecida de haberlos vivido.

¿Sabes qué cita muy popular y aparentemente sencilla me ha servido mucho? Una bien simple y conocida: **"No hay mal que por bien no venga"**.

Aunque haya vivido momentos duros, después, cuando recupero el ánimo y pasa el tiempo, siempre veo que todo encaja como en un puzle. Algo bueno no habría sucedido sin aquella pieza que lo enlazaba.

Si te equivocas, tienes derecho a enfadarte, hasta de vivir un pequeño duelo: pero no te quedes lamentándote eternamente, ni lo quieras olvidar (el cerebro recuerda justo lo que más desearías borrar). Ninguna de las dos cosas sirve para nada. Al contrario: quédate con lo bueno, con la lección aprendida, y aplícala cuando la necesites. Piensa que cuando tomaste la decisión errónea fue porque pensabas que era la mejor. Hiciste lo que pudiste con la información, los condicionantes, la situación emocional y el contexto que tenías en ese momento. No tiene sentido que te juzgues y te machaques desde el presente. Recuerda: lo que hagas estará bien hecho, aunque te equivoques.

Nos han educado tan mal en este sentido que a veces casi nos han herido de muerte. Genéticamente estamos diseñados para recordar más lo malo que lo bueno, por puro instinto de supervivencia. Si a eso le sumamos el automatismo que nos han inculcado, que dice que debemos hacerlo todo bien a la primera, tenemos que el favor que nos hicieron no fue el mejor.

Como dice mi admirado escritor, economista y humanista José Luis Sampedro —del que tanto he aprendido en mi vida—, "nos toca reaprender"; y yo estoy convencida de que se puede hacer.

Igual que contratas la potencia eléctrica necesaria para tu negocio con el objetivo de que no salten los fusibles cada cinco minutos y tener que parar las máquinas, lo mismo debes hacer con tu miedo a equivocarte, para que no salten tus temores cada poco y puedas avanzar sin que te atenace.

"Cuando tengo miedo me paralizo. Entonces es cuando decido seguir caminando, aunque sea despacio. Y en el camino encuentro la solución que estaba buscando, o aparece una incluso mejor."

NEUS ISERTE

La era de internet no ha ayudado mucho en este sentido. El miedo a equivocarnos es mayor si es en público, y es fácil sentir que todo el planeta nos está mirando y juzgando a través de una pantalla las 24 horas del día.

¿Mi consejo? De nuevo, recurrir al autoconocimiento y al conocimiento. Debes ser tú mismo y adaptarte a las características de cada formato y medio. No es necesario que encajes en todos pero te insto a que, antes de decir que no, los pruebes con empeño. ¿Cuántas veces después de haberte negado a probar algo durante largo tiempo te has arrepentido de no haberlo hecho antes, una vez has dado el paso?

Si a pesar de ello llegas a la conclusión de que no es para ti, no insistas si te causa angustia o déjalo para otro momento.

Yo misma pensé que no sería capaz de poner mi foto y mi voz en primera persona en internet y un día, de repente, lo vi claro y desapareció el miedo, sin más. **Todos tenemos ritmos diferentes y debemos respetarlos.**

MI PASIÓN HA PASADO DE LIBERTAD A CÁRCEL

¿Tienes a menudo la sensación de que no has hecho todo lo que tienes que hacer? No te ocurre a ti solo: es más habitual de lo que te imaginas. Pero no por ello debes alimentarla, sino todo lo contrario. Este pensamiento, sumado al miedo al fracaso y —sobre todo al inicio de tu negocio— al exceso de información y de trabajo, hace que algunas personas acaben sufriendo ataques de ansiedad o acaben quemados —lo que los especialistas llaman *burnout*—, sobre todo después de haber adquirido hábitos suicidas propios de los adictos al trabajo. Los proyectos que nacen de la pasión en algunos casos corren el riesgo de convertirse en una obsesión y, como todos los sentimientos llevados al extremo, pasan factura. Con esto no quiero decir que debas temer que te pase a ti, pero sí quería recoger algunos de sus síntomas para que puedas detectarlos a tiempo y tomar medidas. Me parece algo muy serio y de lo que se habla demasiado poco, y no quiero dejar de comentarlo aquí.

En el capítulo 1 te mencioné que, especialmente en los primeros años, la dedicación a tu negocio será muy alta, pero eso no debería hacer que pierdas el control de tu vida y de tu salud. Recuerda: eres más que tu negocio. Si no estás bien ni eres feliz, poco importará que tu cuenta corriente esté a rebosar de dinero, o que, al no tenerlo, pienses que la única manera de conseguirlo sea mantener tu situación de estrés.

Tener un negocio por cuenta propia puede ser una gran prueba de fuego, según sean tu personalidad y tus hándicaps. No hace falta que te diga las nefastas consecuencias que puede tener la búsqueda de la perfección llevada al extremo, por poner solo un ejemplo.

En los negocios vocacionales, trabajar y ser van tan de la mano que es difícil saber dónde empieza y acaba cada uno, y desconectar puede acabar convirtiéndose en una nota más en tu agenda en lugar de en una necesidad natural. Y más actualmente, que vivimos casi asediados por aparatos tecnológicos funcionando a todas las horas del día: email, mensajes en el móvil, redes sociales...

Al principio, la adrenalina y la emoción constante hacen que creas que puedes con todo y que apenas necesitas dormir, cuando la realidad es que tu estado de excitación te impide relajarte porque se te ocurren ideas brillantes de madrugada o porque has recordado algo que es crítico resolver. Comer o tener vida personal con familia y amigos te llega a parecer un robo de tiempo. Solo puedes pensar en una cosa: trabajar, porque te proporciona un placer inmenso. Es como la pasión que sientes cuando estás enamorado: tienes la sensación de que podrías estar con esa persona todos los minutos del resto de tu vida.

Crees que todo lo debes hacer tú y nadie podrá hacerlo igual de bien o poniendo tanto mimo. No organizas bien tu tiempo porque no piensas con claridad, estás saturado, pero no puedes parar porque sientes que pierdes el tiempo, reaccionas a las cosas e improvisas, es un círculo vicioso del que no llegas a ser consciente hasta que a veces es demasiado tarde.

No somos máquinas, e incluso estas se queman cuando les das un sobreúso, y a veces sin posibilidad de arreglo. No confundas tu capacidad de adaptación y resistencia, tu resiliencia, con una actitud suicida. **Lo que está claro es que tú no decidiste emprender para llevar esta vida que te está quitando la vida. Recuerda que crear es vivir.**

En este sentido, te recomiendo que recuerdes las reflexiones que hago a este respecto en el capítulo 1, donde te explico qué implica emprender, o que leas de nuevo este libro una vez al año a modo de autoevaluación, para chequear si todavía piensas lo mismo que cuando empezaste y si quieres seguir adelante tal como estás ahora o aplicando cambios.

PARAR Y PENSAR PARA IR A MEJOR

Es posible que en tu camino te encuentres con alguna de estas tres situaciones después de haber pasado tu propia evaluación. Puedes aplicar pequeños o grandes cambios a tu negocio, cambiar de rumbo o incluso reinventarte.

El negocio no acaba de funcionar por falta de habilidades empresariales. Es muy duro y muy difícil reconocer que el negocio no acaba de funcionar por falta de habilidades empresariales. El trabajo en el taller va muy bien, pero llegar a final de mes siempre es como jugar a la lotería, y no sabes muy bien por qué se repite esta pauta mes tras mes. Si esto ocurre, no significa que debas cerrar, pero sí es un aviso para que puedas conseguir que tu proyecto sea un negocio rentable y te permita llevar la vida que deseas. Si sigues motivado y comprometido y tienes claro lo que quieres, es el momento de pensar seriamente en reducir el ritmo o parar durante un tiempo, e invertir en tu formación a nivel empresa. Si no puedes asumir este gasto y tampoco puedes pedir un crédito, valora si vale la pena tener otra ocupación durante un tiempo, para volver luego con más ganas y conocimientos. A veces es necesario retroceder para avanzar.

No hay ninguna obligación de crecer por el simple hecho de crecer. Aquí de nuevo resulta muy útil la evaluación de tu negocio para evitar dejarte llevar por el ruido del día a día y perder de vista por qué haces lo que haces y si realmente te gusta que sea así. A veces nos encontramos mirando la lista de cosas pendientes pensando qué podemos añadir, cuando en ocasiones lo que hay que hacer es quitar.

¿Todavía necesito trabajar los fines de semana si eso hace que mi vida en pareja se resienta? ¿Debería saltarme las vacaciones porque me han propuesto un proyecto atractivo, pero que no necesito, o cargar pilas para cuidar de mí y, en consecuencia, de mi empresa? Si te haces estas preguntas y has tomado demasiada distancia con tus finanzas porque tu empresa ha crecido mucho, recalcular lo que realmente necesitas para vivir puede ayudarte a decidir. No nos damos cuenta de que podemos vivir de una forma distinta hasta que reflexionamos sobre ello. Tu estabilidad emocional te lo agradecerá.

Esto no es lo que había pensado. En otros casos, la situación emocional es la contraria: ganas de dejar el negocio, aunque crecer sea nuestra meta y la estemos consiguiendo. Pasa a menudo que el emprendedor creador, después de haberse formado en las diferentes áreas del negocio y de haberlas desarrollado incluso de manera satisfactoria, se da cuenta de que no quiere seguir haciendo esas tareas, aunque los resultados financieros sean buenos. El motivo que le llevó a crear su empresa se ha desvirtuado totalmente, y su talento, lo que le movió a emprender, se ha quedado olvidado en un cajón y, absorbido por las tareas directivas, ya ni siquiera entra en el taller.

"No puedes cambiar el viento, pero sí ajustar las velas."
ANÓNIMO

Este escenario también tiene solución. Conozco casos cuyos protagonistas se dieron cuenta enseguida y buscaron socios responsables del resto de las áreas del negocio, como sería el papel de un gerente o CEO, y otros que después de 10 años de actividad han recuperado poco a poco su espacio en el taller o en el departamento creativo, porque así lo han decidido y han tomado medidas para que pasara.

PERMISO Y DERECHO A CAMBIAR DE OPINIÓN

Hay ocasiones en que el cambio no es posible y ves claro que debes cesar la actividad de tu negocio, traspasarlo o venderlo. No pasa nada; no hay que tomarlo como un fracaso, sino como una nueva etapa en tu vida. Llegado este momento, se trata de hacer que la transición sea lo mejor posible.

Un trabajo para toda la vida queda ya muy lejos, como profesional que trabaja para una empresa, pero también como emprendedor con negocio propio. Como te decía al inicio de este capítulo, las reglas y estilos de vida de antes ya no nos sirven, y si te fuerzas a que así sea solo conseguirás acabar frustrado y, lo que es peor, sin ganas de aplicar lo aprendido en tu futuro y sin seguir acercándote a donde quieres llegar. Sobre todo, no te dejes contaminar con los pensamientos de personas tóxicas que te dicen aquello de "Ya te lo había dicho". ¡No tienen razón!

Si el porcentaje mayor de cese de los negocios suele ocurrir a los tres años de funcionamiento, en los negocios "hecho a mano" la regla no varía mucho. No obstante, los motivos del cierre suelen tener causas distintas. Los negocios vocacionales, acompañados de un fuerte componente personal y pasional, a veces se queman justo cuando se acercan al objetivo deseado. Si cuando esto ocurre el negocio es rentable, presumiblemente el origen estaría en alguna disfunción de tipo personal o emocional, que nos llevaría a morir de tristeza si no cerramos; aunque una decisión tan drástica también puede sumirnos en la depresión, que podemos evitar si simplemente nos reinventamos a tiempo o vendemos la empresa.

De todos modos, y aunque te sorprenda, cerrar puede llegar a ser liberador y la manera de recargarte nuevamente de energía. De nuevo, siguiendo con la metáfora de la pareja, cuando la relación no funciona, seguir adelante por inercia solo te llevará a amargarte y amargar al otro, en este caso a tus clientes, con los que tienes un trato tan cercano. Es mejor que no esperes a que pase eso, por ti y por esa familia que has creado y que te puede acompañar en nuevas aventuras, incluso ayudar a crearlas. Piensa siempre en las dos caras de la moneda: siempre hay dos.

Si decides cerrar tu negocio por los motivos que sean debes meditar bien la decisión, no llevarla a cabo con prisas y, según sea tu situación financiera, hacerlo con el mínimo de deudas. En este caso, de nuevo, la evaluación periódica es la que te avisará del momento oportuno sin dejar que los sentimientos gobiernen tu toma de decisión. Puedes anticiparte y tomar medidas, ponerte una fecha límite acompañada de unos objetivos mínimos o tomar la decisión final.

Es muy difícil valorar y poner precio al traspaso de un negocio sobre todo cuando hablamos de intangibles como la reputación, la clientela, el potencial del negocio según su trayectoria previa... Si tienes clara tu decisión te recomiendo que, llegado este momento, contrates un especialista que te ayude a fijar su valor. Aunque de entrada te parecerá un gasto prescindible, te aseguro que será una inversión que te ahorrará tiempo, nervios y dinero.

NO HAY FRACASO, SINO UN APRENDIZAJE IMPAGABLE

Tu zona de confort se ha ampliado significativamente; ya no eres ni serás la misma persona que antes de emprender. De la experiencia vivida, has extraído nuevos conocimientos y herramientas para gestionar tus emociones a nivel profesional y personal, que jamás hubieras aprendido en ninguna universidad.

Si bien en este momento te resultará más difícil trabajar por cuenta ajena, todo depende de cómo te plantees esta opción. ¿Por qué no aportar tu conocimiento y hacer crecer otros negocios? ¿Por qué no buscar trabajo de una manera proactiva, contactando con las empresas que te gustan porque comparten tus valores, y haciéndoles tú una propuesta?

No debes verlo como un paso atrás en ningún momento; ¡es todo lo contrario!

"Una mente abierta es un paracaídas."
VIRGINIO GALLARDO

Y si decides emprender de nuevo, en este sector o en otros, ¿sabes hasta qué punto te servirá lo aprendido? En este caso, solo un aviso: ten muy presente la gestión del cambio. Conocer muy bien el camino hace que corramos el riesgo de pensar que podemos llegar más rápido a la meta, y es verdad, pero no podemos avanzar a la velocidad de la luz.

MINIDOSIS

—

¿QUÉ HAS APRENDIDO ÚLTIMAMENTE QUE HA RESULTADO ÚTIL PARA TU NEGOCIO? ¿Y PARA TI?

—

¿CUÁNDO FUE LA ÚLTIMA VEZ QUE HICISTE UN CHEQUEO A TU EMPRESA? ¿Y A TI? ¿QUÉ DECÍA TU EVALUACIÓN ANUAL? ¿HUBO CAMBIOS DESPUÉS DEL ANÁLISIS?

—

¿RECUERDAS ALGUNA "GRAN EQUIVOCACIÓN" QUE DESPUÉS TE TRAJO COSAS POSITIVAS?
¿HAS PASADO ALGUNA VEZ MUCHO MIEDO? ¿CREES QUE SI VOLVIERAS A VIVIR LA MISMA SITUACIÓN O SIMILAR TE SENTIRÍAS IGUAL?

—

¿TIENES CONTROLADO A TU AMIGO MIEDO? ÉL SIEMPRE VA ESTAR AHÍ; CONVERSA CON ÉL Y MANTENLO A RAYA.

—

¿CREES QUE TIENES SÍNTOMAS DE ESTAR PADECIENDO *BURNOUT*? ¿A QUÉ ESPERAS PARA PONER REMEDIO?

—

¿QUIERES CERRAR, O CREES QUE ES POSIBLE AÚN APLICAR ALGÚN CAMBIO PARA QUE SIGAS APASIONADO POR TU TRABAJO?

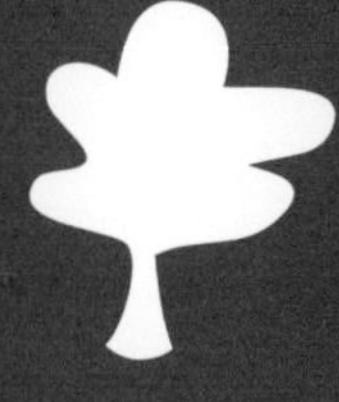

AGRADECIMIENTOS

A la Editorial GG por confiar en mí y ayudarme a ayudar a creadores excepcionales para que tengan negocios apasionantes y rentables.

A mis maestros de la enseñanza pública y a profesores como Zacarías Pérez, que me invitó a cuestionarme las cosas establecidas a través del regalo de la filosofía. A mis tutores en la universidad Enric R. Antón, que me enseñaron que no todo lo que está en un libro es verdad, y a Fermí Bernardo por su amor a la enseñanza.

A mis mentores, especialmente a José Luis Sampedro.

A las personas que han creído en mí incondicionalmente y me han impulsado a seguir adelante: Jose, Marc, Sara, Laia, Serafí, Teresa, Oliva, Miriam, Miguel, Sònia, Yasmin, David, Neus, Leire, Juan, Jaume, Pere, Renata, Chema, Andrea, Luisa,Tania, Marta y Elisenda.

Al equipo que trabajó mano a mano conmigo en veoveo magazine, el proyecto del cual nace este libro: Carmen, Marina, Nabi, Sandra, Jessica, Neus, Olga y Esther, y muy especialmente a Laia y Pau, sin ellos no hubiera sido posible. Y a todas las personas maravillosas que contribuyeron a que se hiciera realidad para poder ilusionar a las manos inquietas de habla hispana.

A Juan, por hacerse suyo este libro y transformar mis ideas en una ilustración que ha superado lo que hubiera podido imaginar. Y a Antònia, por poner tanto cariño y profesionalidad para hacer que textos e imágenes bailen al compás buscando crear música para los lectores.

A los colaboradores de Empresas Creadoras, por confiar en mí y unirse a esta aventura tan apasionante pero un tanto loca que busca poner un grano de arena en la mejora de nuestra sociedad y planeta al poner herramientas al alcance de personas idealistas prácticas.

A mis padres, por trabajar tan duro para sacarnos adelante.

A todas la personas que han pasado por mi vida de las que he aprendido tanto, modelos que quiero repetir pero también los que me cuidaré de no seguir nunca.

Disculpas desde el corazón si me he dejado algún nombre, ellos saben que les estoy agradecida pero que a veces soy un tanto despistada.

FUENTES CONSULTADAS:

- **Ilise Benun**, experta en negocios de profesionales creativos, www.marketing-mentor.com

- **Chema Carrasco**, periodista, agitador de conciencias y formador, elixircarrasco.wordpress.com

- **Creative Mornings**, charlas para profesionales creativos, creativemornings.com

- **Alba Delgado**, especialista en transformación digital: www.albadelgado.com

- **Virginio Gallardo**, especialista en liderazgo transformador, innovación, gestión del cambio, RRHH 2.0 y redes sociales, www.humannova.com

- **Tara Gentile**, especialista en estrategias de negocio, taragentile.com

- **Jocelyn K. Glei** es editora jefe de la plataforma 99u y autora de varios libros entre los cuáles destacan: *Manage Your Day-to-Day: Build Your Routine, Find Your Focus and Sharpen your Creative Mind*, vol. 1, Amazon Publishing, Las Vegas, 2013;
  Maximize Your Potential: Grow Your Expertise, Take Bold Risks and Build an Incredible Career, vol. 2, Amazon Publishing, Las Vegas, 2013 y
  Make Your Mark: The Creative Guides to Building a Business with Impact, vol. 3, Amazon, Publishing , Seattle, 2014

- **Luki Huber**, diseñador de producto y creador del Manual Thinking, una herramienta para organizar tus pensamientos, ideas y proyectos. www.manualthinking.com

- **Neus Iserte**, fundadora de Crea, Decora, Recicla allwashitape.blogspot.com.es

- **Austin Kleon**, artista y autor del *bestseller Aprende a promocionar tu trabajo*, Editorial GG, Barcelona, 2015

- **Joan Melé**, conferenciante y formador en valores y promotor de la banca ética, www.joanmele.com

- **Renata Moitinho**, consultora financiera, http://www.renatamoitinho.com

- *Mollie Makes* es una revista dirigida a aquellas personas que viven de forma creativa y su equipo editorial también es el autor de *Making it!*, Collins & Brown, Londres, 2014

- **Alexander Osterwalder**, inventor del Business Model Canvas, cofundador de strategyzer.com y coautor del libro *Business Model Generation: A Handbook for Visionaries, Game Changers and Challengers*, John Wiley & Sons, 2010

- **Laura Ribas**, especialista en marketing y ventas, www.lauraribas.com

- **David Rojo**, fundador de The Hobby Maker, www.thehobbymaker.com

- **José Luis Sampedro**, escritor, economista y humanista

- **Raimon Samsó**, experto en desarrollo personal, www.raimonsamso.com

- **Hélène Schmit**, especialista en gestión del tiempo, www.helene-schmit.com

- **Patricia van der Akker**, consultora y formadora de negocios para creativos y *makers*, www.thedesigntrust.co.uk